가짜의 바다에서 진짜를 알아보는 힘

'굿모닝 굿나잇'은 21세기 지식의 새로운 표준을 제시합니다.
이 시리즈는 (재)3·1문화재단과 김영사가 함께 발간합니다.

## 가짜의 바다에서 진짜를 알아보는 힘

1판 1쇄 인쇄 2025. 9. 22.
1판 1쇄 발행 2025. 9. 30.

지은이 양승목

**발행인** 박강휘
**편집** 정경윤 | **디자인** 정윤수 | **마케팅** 이유리 | **홍보** 이한솔 이아연
**본문 일러스트** 최혜진
**발행처** 김영사
등록 1979년 5월 17일(제406-2003-036호)
주소 경기도 파주시 문발로 197(문발동) 우편번호 10881
전화 마케팅부 031)955-3100, 편집부 031)955-3200 | 팩스 031)955-3111

저작권자 © 양승목, 2025
이 책은 저작권법에 의해 보호를 받는 저작물이므로 저자와 출판사의 허락 없이 내용의
일부를 인용하거나 발췌하는 것을 금합니다.

ISBN 979-11-7332-350-8 04300
    978-89-349-8910-3 (세트)

홈페이지 www.gimmyoung.com    블로그 blog.naver.com/gybook
인스타그램 instagram.com/gimmyoung    이메일 bestbook@gimmyoung.com

좋은 독자가 좋은 책을 만듭니다.
김영사는 독자 여러분의 의견에 항상 귀 기울이고 있습니다.

이 책의 본문은 환경부 인증을 받은 재생지 그린LIGHT에 콩기름 잉크를 사용하여 제작되었습니다.

# 가짜의 바다에서 진짜를 알아보는 힘

Fake News

양승목 지음

## 쏟아지는 거짓정보로부터 나를 지키는 법

김영사

> 차례

프롤로그: 형용모순의 화두 ·········· 7

## 1장 가짜뉴스라는 질문

1. 익숙하고도 새로운 가짜뉴스 ·········· 13
2. 우리가 몰랐던 개념과 역사 ·········· 22
3. '가짜뉴스' 용어의 함정 ·········· 33
4. 똑같은 가짜는 없다 ·········· 42

## 2장 어쩌다 가짜뉴스 세상이 되었나

1. 사실 여부는 중요하지 않다: 탈진실시대 ·········· 67
2. 검색의 시대가 불러온 것:
   인터넷 혁명과 전통 미디어의 쇠퇴 ·········· 76
3. 진실은 내 감정에 달려 있다:
   정치 양극화와 언론 신뢰도 하락 ·········· 86
4. 가짜뉴스를 키운 혁신 기술:
   소셜미디어와 인공지능 ·········· 95
5. 우리 뇌는 왜 속는가: 가짜는 쉽다 ·········· 107

## 3장 가짜의 바다에서 진짜를 알아보는 법

1. '표현의 자유'라는 뜨거운 감자 — 129
2. 인공지능과 플랫폼이 할 수 있는 일 — 138
3. 팩트 체킹은 기자의 일이다 — 143
4. 진짜를 알아보는 미디어 리터러시 훈련 — 149

에필로그: 민주주의는 정확한 정보를 먹고 자란다 — 155
주 — 161

프롤로그

# 형용모순의 화두

언제부터인지 '가짜뉴스'라는 말이 부쩍 입에 오르내리고 있다. 19세기 말에 사용된 기록이 있을 정도로 역사가 오래된 용어이지만, 그동안 흔하게 들을 수 있는 말은 아니었다. '뉴스'라는 개념 자체가 사실성과 진실성을 내포하기 때문에, '가짜뉴스'는 따지고 보면 '똑똑한 바보'처럼 앞뒤가 맞지 않는 형용모순이다.

그래서인지 몰라도 뉴스 생산의 주도권을 쥐고 있던 언론에서는 사실과 다른 보도는 '오보'라고 하거나, 좀 더 강한 표현으로 '허위보도'라는 말을 사용하는 게 일반적이었다. 가짜뉴스는 저널리즘의 존재 의의를 무시하는 말로 언론의 품격과 위상에 어울리지 않는 표현이었다.

그러나 인터넷 혁명으로 미디어 환경이 급변하면서 상황은 달라졌다. 지금까지 신문·방송 같은 레거시 미디어legacy media의 소비자에 불과했던 일반 대중이 뉴스 생산자가 되는 '프로슈머prosumer'의 시대가 열리면서 공론장의 중심도 온라인과 소셜미디어로 급격히 이동했다. 만족할 수준은 아니지만 그래도 최소한의 저널리즘 규율이 적용되는 레거시 미디어와 달리, 온라인과 소셜미디어에서는 개인이 익명성을 무기로 쏟아내는 허위정보가 넘쳐났다. 뉴스를 가장한 허위정보도 많아지면서 '가짜뉴스'라는 말이 자연스레 사람들 입에 오르내리게 되었다.

여기에 불을 지핀 게 2016년 미국 대선에 출마한 도널드 트럼프Donald Trump였다. 트럼프는 예비선거 과정에서 애초 열세라던 평가와 달리 공화당 후보로 선출되었다. 그뿐만 아니라 본선에서는 언론과 여론조사의 예측을 뒤집고 민주당의 힐러리 클린턴Hillary Clinton 후보를 꺾는 극적인 승리를 거두었다. 그는 선거 기간 내내 자신에게 비판적인 언론 보도를 가짜뉴스라 부르며 공격했다. 그 자신이 근거 없는 허위 발언을 수없이 했으면서도, 자신에게 불리한 정보는 모두 가짜뉴스라고 공격한 것이다. 팩트체크 웹사이트

'폴리티팩트PolitiFact'가 '가짜뉴스'를 2016년 '올해의 거짓말'로 선정할 정도로 가짜뉴스는 이제 현대사회가 고민해야 할 시대적 화두가 되었다.

가짜뉴스의 폐해는 수도 없이 많지만, 가장 두려운 것은 그것이 민주주의의 근간을 무너뜨린다는 점이다. 민주주의는 시민의 자유로운 대화와 토론을 전제로 세워진 제도인 만큼 정확한 정보가 필수적이다. '표현의 자유'와 '언론의 자유'를 민주주의의 필요조건으로 보는 이유는 이를 토대로 시민들이 원하는 정확한 정보를 얻을 수 있으리라는 믿음 때문이다. 역사가 증명하듯이 전체주의는 프로파간다와 언론 통제로 대중을 조작해 독재정권을 유지한다. 가짜뉴스가 횡행하는 세상이 되면 우리가 힘들게 지켜온 대한민국의 민주주의가 실패의 역사로 끝날 수 있고, 시민으로서 우리의 주권도 민주주의 쇠퇴와 함께 소멸할지 모른다.

이 책은 이런 문제의식에서 시작해 가짜뉴스를 여러 각도에서 살펴보고 해결 방안을 고민해본 결과다. 1장에서는 가짜뉴스의 개념, 역사, 대안 용어를 통해 가짜뉴스가 무엇인지 살펴보고, 그 다양한 형태를 일곱 가지 유형으로 정리해 소개한다. 2장에서는 우리가 사는 지금 이 세상이 어쩌다 가짜뉴스 세상이 되었는지를 시대적 배경과 함께 설명하며, 이를 어떻게 믿게 되는지에 관한 가짜뉴스의 심리학을 다룬다. 마지막으로 3장에서는 가짜뉴스 문제를 해결할 방안을 함께 고민하고 제안해본다.

이 작은 책을 통해 독자분들이 가짜뉴스를 조금 더 잘 이해하게 된다면 저자로서는 더 바랄 것이 없다.

1장

# 가짜뉴스라는 질문

악플에 시달리다 생을 마감한 연예인의 기사에서, 심한 변동성을 보이는 주식시장에서, 이념 갈등이 극심한 정치권에서 우리는 거의 매일 가짜뉴스라는 말을 듣고 산다. 가짜뉴스는 사실의 정확성을 중시하는 '뉴스' 앞에 '가짜'라는 말을 붙였다는 점에서 형용모순의 용어다. 더욱이 민주주의에 필수적인 뉴스의 사회적 기능을 부정하는 의미를 내포해 그 해악이 적지 않다. 언어는 중요하다. 바로 그런 이유에서, 문제가 되는 콘텐츠에는 가장 어울리는 단어를 사용하자고 제안하고 싶다.

# 1
# 익숙하고도 새로운 가짜뉴스

## 메인호부터 부정선거까지

 1898년 2월 15일 쿠바의 아바나 항구. 바다에는 99미터 길이에 무게 6789톤의 미국 전함 메인Maine호가 어둠 속에 조용히 떠 있었다. 스페인 식민지 쿠바는 3년 전부터 독립 전쟁을 치르고 있었다. 미국 정부가 파견한 메인호가 플로리다의 키웨스트를 떠나 아바나에 도착한 지 3주가 되는 날이었다.

 오후 9시 40분을 막 지나는 그 순간, 굉음과 함께 커다란 화염이 치솟으며 배 앞머리를 집어삼켰다. 배는 끝내 침몰했고 전체 승조원 355명 가운데 261명이 목숨을 잃었다. 폭발 원인은 분명하지 않았다. 스페인은 내부 폭발로 보았지만, 미 해군 조사팀은 기뢰에 의한 폭발로 보고했다. 그러나 해군의 일부 조사위원은 기뢰 폭침설을 부정하는 증거를 제시하기도 했다.

메인호 폭침 사건은 미국 언론에 대대적으로 보도되었다. 그것도 아주 선정적으로. 당시는 황색언론Yellow Journalism의 시대였다. 신문 재벌 조지프 퓰리처Joseph Pulitzer와 윌리엄 랜돌프 허스트William Randolph Hearst의 시대이기도 했다. 퓰리처의 《뉴욕 월드》와 허스트의 《뉴욕 저널》은 미국 최대 도시 뉴욕을 대표하는 황색신문이었다.

'황색신문(황색언론)'은 《뉴욕 월드》에 연재되던 만화의 주인공 '황색 꼬마The Yellow Kid'의 인기에서 나온 말이다. 황색 꼬마는 컬러 윤전기 시대의 여명기였던 그때 노란 옷을 입은 아이로 그려졌다. 메인호 폭침 사건이 일어나자 두 신문은 아무런 과학적 증거도 없이 스페인을 범인으로 지목하는 기사를 쏟아냈다. 근거 없는 주장과 선정적인 제목으로 독자들을 선동하고, 명백히 날조된 가짜뉴스로 대중 조작마저 서슴지 않았다.

예를 들면 《뉴욕 월드》는 스페인 군대가 쿠바에서 미국인 여성을 성폭행했다는 근거 없는 보도를 내보내 대중의 감정을 자극했다. 《뉴욕 저널》은 스페인 총리가 미국 대통령 윌리엄 매킨리William McKinley를 약하고 어리석은 정치인이라고 모욕하는 내용의 편지를 썼다는 가짜뉴스 보도로 미국 대중의 분노를 불러일으켰다. 이들 황색신문이 내세운 슬로건 "메인호를 기억하라! 스페인은 지옥으로!"는 미국인에게 전쟁을 부추기는 대표적인 선동 문구가 되었다.

애초 전쟁을 주저하던 매킨리 대통령은 황색언론이 조성한 대중적 열기와 정치적 압력에 밀린 나머지 그해 4월 스페인과의 전쟁을 결정하게 된다. 전쟁은 미국의 승리로 끝났다. 패전국 스페인과 맺은 '파리조약'에 따라 미국은 쿠바를 보호국으로 삼고 푸에르토리코를 손에 넣어 카리브해와 멕시코만을 미국의 앞마당으로 만들었다. 또 스페인 식민지였던 필리핀과 괌을 할양받아 서태평양까지 진출함으로써 그 무렵 세계를 지배하던 제국주의 열강의 한 축으로 세계사 전면에 등장하게 되었다.

장면은 바뀌어 2024년 12월 3일의 대한민국 서울. 오후 10시 25분께 텔레비전 화면에 등장한 대통령 윤석열은 긴급 담화문 형식으로 비상계엄을 선포했다. 1979년 10월 27일 이후 처음 선포된 비상계엄이었다. 온 국민이 충격에 빠져 있는 가운데 여야 국회의원들은 국회에 진입해 이튿날 새벽 1시 비상계엄 해제 요구안을 가결했다. 그러자 윤 대통령은 새벽 5시 국무회의 의결을 거쳐 계엄 해제를 선언했다. 불과 여섯 시간 남짓한 짧은 계엄이었지만 45년 만의 비상계엄은 전 국민을 충격으로 몰아넣었다.

야당이 주도하는 국회는 당장 윤 대통령 탄핵을 시도했고, 12월 14일 일부 여당 의원의 찬성 속에 드디어 탄핵소추안을 가결했다. 처음에는 탄핵 지지 여론이 압도적이었다. 그러나 국회 탄핵소추위원단이 탄핵 일정을 단축하기 위해 내란 혐의를 제외하면서 탄핵 지지 여론에 균열이 생겼다. 또 윤 대통령의 내란 혐의에 대한 공수처 수사가 법적 논란을 빚으면서 탄핵 반대 여론이 점점 고개를 들었다.

이런 와중에 2025년 1월 16일, 인지도가 비교적 낮은 《스카이데일리》라는 매체가 미군 정보 소식통을 인용하며 충격적인 소식을 전했다. 비상계엄 당일 우리 계엄군이 미군과 공동작전으로 중앙선거관리위원회 선거연수원을 급습해서 중국인 간첩 99명을 체포해 미군 쪽에 인계했으며, 이들은 모두 평택항을 거쳐 일본 오키나와 미군기지로 이송되었다는 것이다.[1] 물론 이 기사는 주한미군과 중앙선관위

가 '사실무근'이라고 공식 발표함으로써 가짜뉴스로 판명되었다.[2]

그러나 이런 허위 내용이 윤석열 대통령 지지자들 사이에 빠르게 퍼지면서 '중국이 부정선거에 개입했고 미국도 이런 사실을 알고 있다'는 식의 음모론이 나오는 데 기여했다.[3] 탄핵 초기에는 미미했던 탄핵 반대 여론이 급속히 세를 불린 배경에는 윤 대통령을 체포·구속하는 과정에서 불거진 공수처와 법원의 사법 정당성 논란이 있었지만, 가짜뉴스에 의한 부정선거 음모론도 적지 않은 역할을 했다.

앞의 두 사례에서 보듯이 가짜뉴스는 여론을 흔들고, 때로는 국가의 중대사에 영향을 줄 수도 있다. 실제로 2002년 대선에서 이회창 후보 낙선을 불러온 '장남 병역 비리' 의혹은 가짜뉴스였으며, 2008년 한미 쇠고기 수입 협상과 관련된 이른바 광우병 사태의 '뇌송송 구멍탁' 괴담도 가짜뉴스였다. 외국의 경우, 2016년 영국의 브렉시트(유럽연합 탈퇴) 국민투표는 '이슬람 난민 대거 유입설' 같은 가짜뉴스가 여론을 왜곡해 국가적으로 중요한 의사결정을 변질시킨 대표 사례로 꼽힌다. 같은 해 미국 대선에서는 힐러리 클린턴 후보에게 불리한 가짜뉴스가 대거 유포되어 도널드 트럼프 후보가 당선되는 이변 아닌 이변을 낳기도 했다.

### 거짓정보와 반간계

가짜뉴스는 한마디로 그 내용이 진실하지 않은 거짓false 정보다. 인간은 사회적 동물이라지만 고도의 커뮤니케이션 능력이 있다는 점에서 다른 동물과 구별된다. 이러한 능력에는 거짓말도 포함된다. 인간은 자신의 이익이나 목적을 위해 의도적으로 거짓말을 지어낼 줄 안다. 구약성서 〈창세기〉에는 아브라함이 자기 아내를 누이라고 속여 이집트 왕에게 보내고, 야곱이 형으로 가장해 아버지 이삭을 속여 장자의 축복을 가로채는 이야기가 나온다. 이는 거짓말(거짓정보)의 역사가 인류 역사만큼이나 오래되었음을 시사한다.

실제로 고대 그리스 역사에서는 거짓정보를 이용해 정치적·군사적 목적을 달성하려 한 사례가 많이 나온다.

기원전 480년 살라미스해전에서 페르시아 왕 크세르크세스는 그리스 연합군이 겁을 먹고 달아날 거라고 거짓 소문을 퍼뜨린 후 일부 함대를 우회시켜 살라미스 해협의 출구를 봉쇄했다. 본진은 대기하면서 그리스 연합군이 흩어지는 순간을 노렸다. 그러나 테미스토클레스는 페르시아 진영으로 첩자를 보내 '그리스 연합군은 공포에 질려 있으며 곧 도망칠 예정'이라고 역정보를 흘렸다. 이 정보를 사실로 믿은 크세르크세스는 달아나는 적을 추격하기 위해 함대를 해협에 배치했는데, 살라미스 해협은 지형이 좁고 복잡한 탓에 대규모 페르시아 함대가 제대로 기동할 수 없었다. 이때 그리스 연합군이 기습 공격을 가하자 대혼란이 발생했으며, 페르시아 해군은 큰 피해를 입고 결국 패배했다.

다른 사례로는 기원전 415년 아테네 정치인 알키비아데스의 스파르타 망명 사건을 들 수 있다. 당시는 아테네가 스파르타와 펠로폰네소스 전쟁을 벌이던 시기로, 알키비아데스는 시칠리아 원정을 주장해 원정대 지도자 중 한 명으로 선출되었다.

그런데 원정대가 출발하기 직전 아테네인들이 신성시하는 헤르메스 신상이 훼손되는 사건이 터졌다. 알키비아데스의 정적들은 그가 신성모독에 연루되었다는 소문을 퍼뜨려 그를 공격하고 마침내 법정에 기소했다. 역사 기록에 따르면 그가 헤르메스 신상 훼손에 실제로 관여했다는 명확한 증거는 없다. 그러나 재판을 받게 되면 정치생명이 끝나는 것은 물론이고 처형당할 수도 있기에 알키비아데스는 도망쳐 스파르타로 망명했다. 이 사건은 정치적 목적을 품은 세력이 근거 없는 소문으로 여론을 조작해 정적을 제거하는 데 활용한 사례라 할 수 있다.

동양에서도 거짓정보의 역사는 길고도 길다. 중국 고대 병법서인 《손자병법》의 36계 중 하나에 '반간계反間計'가 있다. 반간계는 적의 간첩을 역이용하거나 적진에 간첩을 보내 혼란을 일으키는 전략이다. 거짓정보를 은밀히 흘려 적의 내부를 분열시키거나, 정보를 조작해 적의 오판을 유도함으로써 전쟁에서 우위를 차지하는 데 목적이 있다.

초楚나라와 한漢나라의 전쟁에서 유방劉邦의 군사 장량張良은 항우項羽의 심복을 매수하거나 서신을 조작해 항우의 군사 범증范增이 유방과 내통하는 것처럼 보이게 했다. 의심이 많은 항우는 점차 범증을 멀리했고, 마침내 범증은 병을 핑계로 사임했다. 후세 사람들은 범증이라는 최고 전략가를 잃은 것이 항우가 유방에게 패한 이유 가운데 하나라고 말한다.

또 《삼국지연의三國志演義》의 적벽대전 대목에서는 주유周瑜의 반간계로 조조曹操가 자신의 수군 지휘관을 처형하는 이야기도 나온다. 조조는 대군을 이끌고 남하해 손권孫權과 유비劉備의 연합군과 대치했는데, 이때 수군 지휘관은 채모蔡瑁와 장윤張允이었다. 주유는 채모의 동생 채중蔡中과 채화蔡和를 조조의 진영에 첩자로 보냈고, 이들은 형인 채모와 접촉하며 조조 군대의 내부 정보를 수집하는 척하면서 채모와 장윤이 손권과 내통한다는 거짓정보를 흘렸다. 조조는 이 정보를 믿고 채모와 장윤의 배신을 의심한 끝에 두 장수를 처형했다. 수군 지휘관을 잃은 조조의 군대는 수전에 더욱 취약해졌으며, 이는 적벽대전에서 패하는 원인 중 하나가 되었다. 물론 이 일화는 작가 나관중羅貫中의 창작으로 역사적 사실과는 거리가 있다고 평가되지만, 거짓정보를 이용한 심리전이 고대 중국에서 흔한 일이었음을 알 수 있다.

# 2
# 우리가 몰랐던 개념과 역사

### 가짜뉴스의 탄생

거짓말 또는 거짓정보는 인류 역사에 늘 존재해왔지만, '가짜뉴스'라는 개념이 생겨난 것은 신문이라는 근대적 뉴스매체가 등장하면서다. 1445년 독일 마인츠의 요하네스 구텐베르크 Johannes Gutenberg는 금속활자를 이용한 활판 인쇄술을 발명해 인류의 커뮤니케이션 역사에 한 획을 그었다. 우리나라는 구텐베르크보다 앞서 13세기 고려시대에 세계 최초로 금속활자를 만들었지만, 안타깝게도 그 영향력이 한반도를 벗어나지 못하면서 국지적 사건에 머물렀다. 그러나 구텐베르크의 활판 인쇄술은 짧은 시간에 전 유럽으로 퍼져 종교개혁을 추동했으며, 마셜 매클루언 Marshall McLuhan

이 '구텐베르크 은하계'라고 은유적으로 표현한 인쇄술의 시대를 열었다.

인쇄술의 시대에 언론의 대명사는 신문이었다. 소식지 형태의 신문 유사물은 고대 로마 시대부터 있었지만, 근대적 신문의 원형이라고 할 만한 것이 처음 나타난 때는 16세기 중반이었다. 당시 이탈리아의 베니스에서는 손글씨로 만든 '가제트gazette'라는 신문이 유행했는데, 이 아이디어는 이탈리아를 넘어 독일과 네덜란드 등지로 퍼졌다.

그리하여 1605년 독일에서 최초의 근대신문《렐라치온Relation》이 발간되었다.《렐라치온》은 주간지로서 발간 주기가 비교적 짧았고, 뉴스의 종류가 다양했으며, 인쇄된 최초의 신문이었다는 점에서 근대신문의 효시라 일컬을 만했다. 그 뒤 신문 발행은 독일을 넘어 전 유럽과 북미 대륙으로 확산해 근대 시민사회의 형성에 밑거름이 되었다.

신문은 18세기를 거치며 더욱 번성했지만, 1833년 미국에서 벤저민 데이Benjamin Day가《뉴욕 선New York Sun》을 창간해 '페니페이퍼penny paper'라는 염가 대중신문 시대가 도래하기까지는 발행 규모가 작고 영세했다. 이때까지는 신문이 특정 정치적 견해를 알리는 데 주력하는 정파적인 매체였으며, 기사에서 의견과 사실조차 제대로 구분되지 않았다. 객관주의 언론 관행과 언론의 사회적 책임은 한참 뒤인 20세기에 들어서야 확립되었고, 18세기와 19세기는 자유방임주의 언론관이 지배하던 시대였다. 자유가 넘치다 보면 남용이 없을 수 없다. 자연히 신문에는 근거 없는 '가짜뉴스'가 넘쳐흘렀다.

미국의 제3대 대통령 토머스 제퍼슨Thomas Jefferson은 '건국의 아버지' 중 한 사람으로 "신문 없는 정부보다 정부 없는 신문을 택하겠다"는 명언으로 유명하다. 신문의 중요성을 잘 알고 언론의 자유를 누구보다 존중한 제퍼슨도 대통령이 되고 쓴 편지나 일기에서 신문의 무분별한 보도에 극도의 분노를 드러낸 적이 많다. 1807년 존 노벨John Norvell이라는 젊은이가 신문을 가장 잘 운영하는 방법을 편지로 물어오자 제퍼슨은 회신을 통해 가짜뉴스를 맹비난했다. "언론 탄압보다 오히려 거짓에 몸을 파는 언론의 매춘이 국가이익을 더 완벽하게 해친다는 것은 우울하지만 진실입니다. 신문에서 보는 것을 이제 믿을 수 없습니다. 진실 자체가 저 오염된 매체로 들어가면 의심스러워집니다."[4]

가짜뉴스에 해당하는 영어 '페이크 뉴스fake news'는 누가 언제 사용했는지 특정하기 어렵지만, 일반적으로 1890년대 황색언론 시대에 미국 신문에서 처음 등장한 것으로 알려져 있다. 앞서 메인호 폭침 사건에서 살펴본 바와 같이, 이 시기에 《뉴욕 월드》나 《뉴욕 저널》 같은 황색신문은 독자를 확보하기 위해서라면 수단과 방법을 가리지 않았다. 구독자 수가 신문사 수익과 직결되기 때문이다. 당시의 가짜뉴스는 상업적 이익을 위한 허위보도나 선정적 기사를 지칭하는 말이었다.

1894년 매거진 《퍽Puck》에 실린 프레더릭 버 오퍼Frederick Burr Opper의 삽화 〈세기말의 신문 소유주The Fin de Siècle Newspaper Proprietor〉[5]에서 신문 소유주는 퓰리처를 염두에 둔 것으로 알려져 있다. 삽화의 중심에는 신문 소유주가 아들로 보이는 소년과 함께 의자에 앉아 있고, 두 사람 사이에 놓인 '수익'이라고 적힌 금고에서 쏟아져나온 돈이 바닥까지 넘친다. 그 뒤로는 기자들이 선정적인 제목의 기사를 들고 인쇄기를 향해 다급히 몰려드는데, 삽화의 왼쪽 윗부분을 확대해서 보면 '가짜뉴스'라고 적힌 기사를 들고 뛰어오는 이도 있다.

이 그림을 보면 '가짜뉴스'가 적어도 1894년에는 사용되

1894년 《퍽》에 실린 프레더릭 버 오퍼의 삽화 〈세기말의 신문 소유주〉(위). 가운데에 조지프 퓰리처로 추정되는 신문 소유주가 아들로 보이는 소년과 함께 앉아 있고, 뒤로는 기자들이 선정적인 제목의 기사를 들고 인쇄기를 향해 몰려든다. 삽화의 왼쪽 위를 확대한 그림(아래)을 보면 '가짜뉴스(FAKE NEWS)'라고 적힌 기사를 들고 오는 이도 있다.

었다는 점을 알 수 있다. 그러나 일반인에게 널리 알려지고 사용되기 시작한 것은 21세기 디지털 시대에 들어와서다. 특히 2016년 미국 대통령선거가 중요한 계기였는데, 당시 도널드 트럼프 후보가 주류 언론을 비판할 때 '가짜뉴스'라는 말을 자주 사용하면서 미디어의 주목을 받았다. 트럼프는 자신의 정책이나 발언을 부정적으로 보도하면 가짜뉴스라고 비난했으며, 이러한 행태는 대통령으로 당선된 후에도 바뀌지 않았다. 이후 가짜뉴스는 조작된 거짓정보를 의미할 뿐만 아니라, 언론에 대한 정치적 비난의 도구로도 사용되었다.

### 오보는 가짜뉴스일까 아닐까

오늘날 가짜뉴스는 정치와 언론에서뿐만 아니라 학계에서도 주류 담론의 하나가 되었다. 그러나 이 용어는 사용하는 맥락에 따라 함축하는 의미가 매우 다양하다. 일반적으로 가짜뉴스는 "사람들을 의도적으로 속이거나 호도하기 위해 뉴스 형식으로 제공하는 거짓정보"를 지칭한다. 그러나 실제 현실에서는 반드시 뉴스 형식이 아니더라도 텍스트, 사진, 동영상 등 다양한 형태의 콘텐츠로 제공되는 거짓정보를 모두 가짜뉴스라 일컫는 경향이 있다. 심지어 정치인들은 종종 자신에게 불리한 보도가 나오면 거짓이 아닌데도 가짜뉴스로 몰아붙이는 경우가 있다. 트럼프 대통령이 첫 임기 내내 자신에게 비판적인 《뉴욕타임스》와 CNN의 보도를 가짜뉴스라고 공격한 것이 그러한 예다.

한국 정치에서도 여든 야든 자기에게 불리한 상대방의 주장을 가짜뉴스로 딱지 붙이는 일이 비일비재하다. 2025년 1월 윤석열 대통령의 탄핵 정국에서 여야는 모두 상대방의 가짜뉴스를 고발한다는 명목으로 당내에 새로운 기구를 설치했다. 국민의힘은 미디어특별위원회 산하에 '진짜뉴스 발굴단'을 조직했고, 민주당은 홈페이지에 '민주파출소'라는 웹사이트를 구축했다. 여야 모두 "가짜뉴스 척결이라는 명분을 내세우지만 사실상 강성 지지층만을 위한 아전인수식 팩트체크"에 나서고 있으며, "탄핵정국 속 조기 대선이 가시화하자 자기 진영을 더 결집하기 위해 허위정보도 마다하지 않고 활용하고 있다"는 지적을 받았다.[6]

실제로 '진짜뉴스 발굴단'은 직장인 익명 커뮤니티 '블라인드' 게시글을 토대로 경찰관이 민주노총 조합원에게 맞아 혼수상태에 빠졌다는 내용의 보도자료를 냈지만, 혼수상태에 빠진 경찰관은 없었다. 또 민주당의 한 의원은 내부 제보를 받았다면서 윤석열 대통령이 용산을 빠져나와 제3의 장소로 도피했다고 주장했지만, 당일 윤 대통령은 관저에 머무른 것으로 확인되었다.

간혹 오보誤報를 가짜뉴스라고 말하는 경우가 있는데, 이는 적절치 않은 표현이다. 가짜뉴스와 오보는 분명히 구별되어야 한다. 오보는 사실이 아니라는 점에서 거짓정보이긴 하지만 어디까지나 정상적인 저널리즘 활동의 산물이다. 기자가 취재 준칙을 지키며 최선을 다하더라도 인간인 이상 실수를 할 수 있고 오보가 나올 수 있다. 어떤 경우든 오보로 밝혀지면 언론은 즉각 정정하는(또는 정정해야 하는) 자율적 수정 시스템을 갖추고 있다. 언론이 어떤 목적을 위해 의도적으로 거짓을 보도하지 않은 이상 오보를 가짜뉴스라고 할 수는 없다. 그러나 의도적으로 허위보도를 했거나, 오보라는 사실이 확인됐는데도 인정하지 않는다면 가짜뉴스라 불러도 할 말이 없을 것이다.

2024년 12월 26일 《조선일보》는 "헛소문·딴소리·음모론·오보…. 표현은 제각각이지만 진실과는 거리가 먼 '거짓'이라는 공통점이 있다"면서 〈조선일보 국제부가 뽑은 올

해의 거짓 5〉라는 기사를 다음과 같이 게재했다.[7]

- **"프랑스에 빈대가 득시글거린다"**

2023년 말 프랑스에서 빈대가 창궐한다는 소셜미디어 게시글이 올라온 뒤 세계 곳곳으로 빈대 공포(일명 '빈대믹')가 번졌다. 이 소동은 서방과 척진 러시아 측의 기획·연출에 세계인들이 '낚인' 것으로 드러났다. 프랑스 외무부는 지난 3월 러시아 정부 연계 소셜미디어 계정들이 빈대 목격담을 부풀리고 이민자들이 퍼뜨렸다는 음모론까지 퍼뜨린 것으로 파악됐다고 발표했다. 빈대는 억울했다.

- **"이슬람 이민자가 아이들 죽였다"**

영국 사우스포스트에선 지난 7월 댄스 교습을 받던 여자 어린이 세 명이 희생된 흉기 난동 직후 "중동 출신 이슬람 이민자 소행"이라는 소문이 걷잡을 수 없이 확산해 반反이슬람 시위가 촉발됐다. 범인은 무슬림도 이민자도 아니라고 정부가 사실관계를 밝혔음에도 폭동은 열흘 가까이 이어진 다음에야 진정됐다.

- **"스위프트, 날 지지한다"**

도널드 트럼프 미 대통령 당선인은 대선 후보 시절인 지난 8월 최고 인기 팝스타 테일러 스위프트Taylor Swift가 유권자들에게 '트럼프에게 투표하라'고 독려하는 그림, 젊은 여성 팬들이 '스위프티(스위프트의 팬들)는 트럼프를 지지한다'는 옷을 단체로 입고 있는 사진 등을 소셜미디어에 공유하며 "(지지를) 수락한다"고 썼다. 알고 보니 그림과 사진은 인공지능AI을 활용해 교묘하게 만든 가짜였다. 트럼프다웠다.

- **"그녀는 야스쿠니 신사를 참배했다"**

일본 정부는 한국인 강제 노역 현장인 니가타현 사도광산에서 지난달 추도식을 열면서 이쿠이나 아키코 외무성 정무관을 파견했다. 그는 과거 태평양전쟁 A급 전범들이 합사된 야스쿠니 신사 참배 인물로 교도통신에 코도됐고, 한국은 이에 항의해 불참했다. 하지만 당사자 확인 없이 쓴 기사는 오보로 드러났고 교도통신은 사과문을 냈다.

### • "아들 사면 안 한다"

조 바이든Joe Biden 미 대통령은 대선 후보였던 지난 6월 불법 총기 소지 등 혐의로 재판받던 아들 헌터를 "결코 사면하지 않겠다"고 했다. 하지만 이달 초 아들의 재판·처벌을 면해줬다. "내가 왜 이 같은 결정을 내렸는지 이해해 달라"고 했으나 바이든의 결정을 납득한다는 여론조사 응답률은 22%에 불과했다. 그는 많은 비난을 받으며 말년에 스타일을 구겼다.

여기에 뽑힌 '거짓' 5개 중에서 앞의 세 가지 사건은 어떤 식으로든 가짜뉴스와 관련이 있다. 첫 번째 사건은 유럽의회 선거에 영향을 미치려 했던 러시아의 가짜뉴스 작전에 의한 것이라는 평가이며, 두 번째 사건은 범인의 신원에 관한 가짜뉴스가 소셜미디어에 급속히 퍼지면서 생긴 일이었다(해당 기사에서 '사우스포스트'는 '사우스포트'의 잘못된 표기다). 세 번째 사건은 딥페이크deepfake로 인한 가짜 사진과 연관된다. 그러나 네 번째 사건은 교도통신의 오보에 의한 것이며, 마지막에 언급된 바이든Joe Biden 대통령의 발언은 개인적으로 거짓말을 한 셈이지만 가짜뉴스와는 상관이 없다.

# 3
## '가짜뉴스' 용어의 함정

### 가짜도 뉴스가 될 수 있을까

어떻게 정의하든 가짜뉴스는 진짜 뉴스의 의양과 느낌을 차용한다. 가짜뉴스는 진짜 뉴스처럼 보임으로써 일종의 신뢰를 얻고 외견상 정당성을 띠게 된다. 그러나 가짜뉴스는 뉴스의 신뢰도를 오용함으로써 결국 언론(저널리즘)의 정당성을 훼손하고 말 것이다. 실제로 도널드 트럼프 같은 유명 정치인들이 자신에게 비판적인 언론 보도를 가짜뉴스라고 공격하면서 언론에 대한 신뢰도가 떨어지고 있다는 주장도 있다.

영국의 로이터 저널리즘 연구소RISJ는 매년 디지털 뉴스 산업계의 현황을 조사해 〈디지털 뉴스 리포트〉를 발간한다. 이 조사에서 언론 신뢰도 최하위 그룹에 속한 국가는 뜻밖에도 한국을 비롯해 미국, 영국, 프랑스 등 비교적 언론의 자유가 잘 보장된 민주주의 국가들이다. 언론에 대한 국민의 높은 기대치에 언론이 부응하지 못한 결과일 수 있지만, 비판적인 뉴스를 가짜뉴스로 공격하는 정치 풍토도 작용했을 가능성이 있다.

가짜뉴스는 사실의 정확성을 중시하는 '뉴스' 앞에 '가짜'라는 말을 붙였다는 점에서 형용모순의 용어다. 더욱이 민주주의에 필수적인 뉴스의 사회적 기능을 부정하는 의미를 내포해 그 해악이 적지 않다. 의미가 부정적인 데다 그 개념이 모호하기 때문에 근래에는 '가짜뉴스' 대신에 '정보 장애 information disorder'라는 용어가 선호되는 경향이 있다. 실제로 온라인 백과사전 위키피디아는 '가짜뉴스'를 다음과 같이 규정한다.

> 가짜뉴스 또는 정보 장애는 뉴스의 미학과 정당성을 주장하는 거짓 또는 호도성 정보(잘못된 정보, 허위조작정보, 선전, 날조)다. (…) 그렇지만 이 용어는 정해진 정의가 없으며 뉴스로 제시되는 모든 유형의 거짓정보에 광범위하게 적용되

어왔다. 또 유명 인사들이 자신에게 불리한 뉴스를 나타내는 데도 사용되어왔다. 게다가 허위조작정보는 나쁜 의도로 거짓정보를 퍼뜨리는 것을 포함하는데, 때로는 특히 선거 기간에 적대적인 외국 행위자에 의해 생성·전파되기도 한다. 일부 정의에 따르면 가짜뉴스에는 진짜인 것으로 잘못 해석된 풍자 기사도 포함되고, 본문에서 뒷받침되지 않는 선정적 제목이나 낚시성 제목을 사용한 기사도 포함된다. 이처럼 다양한 유형의 가짜뉴스 때문에 연구자들은 정보 장애를 더 중립적이고 유익한 용어로 선호하기 시작했다.[8]

가짜뉴스에 관한 비영리 연구단체로 명성이 높았던 퍼스트 드래프트First Draft는 가짜뉴스라는 말 대신에 '정보 장애'를 사용하자는 운동을 앞장서 펼쳤다. 퍼스트 드래프트는 디지털 시대의 신뢰와 진실이라는 대의를 위해 2015년에 9개 단체가 연합해서 만든 비영리재단이다. 이 단체는 2022년 문을 닫을 때까지 가짜뉴스의 확인과 검증, 대응, 해결 방안 등 가짜뉴스와의 전쟁에서 중요한 역할을 했다.

곧 살펴보겠지만 가짜뉴스의 유형에는 농담성 풍자나 패

러디부터 완전히 날조된 콘텐츠까지 다양한 종류가 있는데, '가짜뉴스'라는 용어가 이들을 모두 담아내지는 못한다는 지적을 받는다. 심지어 이들 콘텐츠의 상당수는 가짜가 아니기도 하다. 약간의 진실에 근거한 거짓이 더 효과적이라는 점을 아는 교활한 사람들은 진짜 콘텐츠를 사용하되 맥락을 무시하고, 이를 남을 공격하는 무기로 삼기도 한다. 이들 콘텐츠의 대다수는 '뉴스'라 말하기조차 곤란한 것들이다. 옛날식 헛소문이거나, 밈이거나, 조작된 비디오거나, 흑색광고이거나, 새롭게 공유된 옛날 사진들이다.

퍼스트 드래프트는 '가짜뉴스'라는 말을 사용하지 말자면서 두 가지 이유를 댄다. 하나는 방금 설명했듯 이 용어가 새로운 현실을 제대로 포착하지 못하기 때문이다. 그리고 사실은 또 다른 이유가 더 중요하다. 바로 많은 정치인들이 언론(저널리즘)을 공격하고 불신을 조장하기 위해 이 용어를 쓰기 때문이다. 이제는 BBC나 CNN 같은 주류 미디어와 연결해 생각하는 사람들이 많아지면서 '가짜뉴스'라는 말이 거의 무의미해졌다는 것이다.

언어는 중요하다. 바로 그런 까닭에, 기자들이 기사에서 가짜뉴스라는 말을 쓰면 위험할뿐더러 도움이 되지도 않는

이 용어에 정통성을 부여하는 꼴이 된다는 것이다. 그래서 퍼스트 드래프트는 문제가 되는 콘텐츠에는 가장 어울리는 단어를 사용하자고 제안한다. 예컨대 선전(프로파간다), 거짓말, 음모론, 헛소문(루머), 사기, 극히 당파적인 콘텐츠, 허위 매체, 조작 매체 등 그때그때 그 콘텐츠에 가장 걸맞은 용어를 사용하자는 것이다.

### 정보 장애의 세 유형

가짜뉴스를 분류하는 기준으로 허위성(또는 그 반대 개념인 '사실성')과 고의성이라는 두 가지 차원이 있다. '허위성'은 콘텐츠가 얼마나 사실에 근거하지 않는가이고, '고의성'은 사람들을 속이거나 해를 끼치려는 의도가 있는가다. '가짜뉴스'라는 말이 정치·경제·사회·문화 등 여러 분야에서 광범위하게 사용되고 있지만, 앞에서 살펴본 바와 같이 가짜뉴스는 개념적으로 모호할 뿐 아니라 저널리즘의 정당성을 훼손할 가능성이 있다.

이런 우려에서 최근에는 '정보 장애'가 다안으로 제시되었다. 앞서 말한 퍼스트 드래프트 같은 단체를 비롯해 많은 연구자들은 허위성과 고의성이라는 두 기준을 이용해 정보

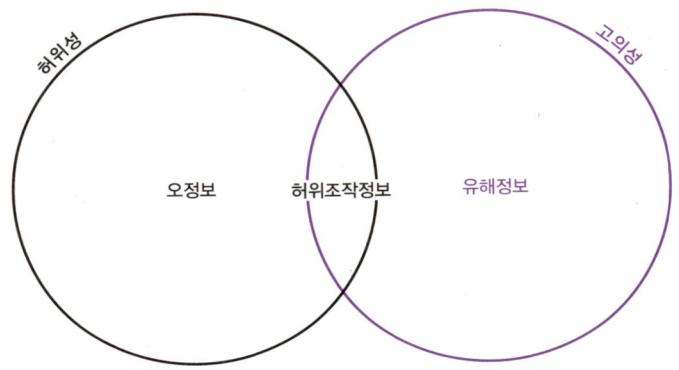

정보 장애는 허위성과 고의성을 기준 삼아 세 가지 유형으로 분류할 수 있다.

장애를 세 가지 유형, 즉 허위조작정보·오정보·유해정보로 구분해 사용한다.

① **허위조작정보** disinformation

사람들을 속이거나 해를 끼칠 의도를 품고 고의로 날조·유포하는 거짓정보를 말하며, '허위정보'라고 번역되기도 한다. 고의로 날조한 시청각 콘텐츠나 의도적으로 만들어진 음모론 등이 여기에 해당한다. 허위조작정보는 보통 돈이나 정치적 목적 때문에 만들어지는데, 때로는 사회적 논란 그 자체를 겨냥해 만들어지기도 한다.

### ② 오정보 misinformation

사람들을 속이거나 해를 끼칠 의도 없이 공유되는 거짓정보로, '잘못된 정보'라고 번역되기도 한다. 허위 내용을 담고 있지만 의도하지 않은 기술적 문제나 실수 등으로 인한 경우다. 사람들은 온라인에서 정치, 종교, 취미 등과 관련해 정체성을 공유하는 사람에게는 자신이 좋아하는 정보에 대해 허위 여부를 별로 따지지 않고 공유하는 경향이 있다. 이처럼 허위정보를 허위인 줄 모르고 다른 사람과 공유하면 오정보가 된다.

### ③ 유해정보 malinformation

사실에 근거하지만 사람들을 속이거나 해를 끼칠 의도로 유포되는 정보를 말한다. 나쁜 의도로 타인의 개인정보를 공표한다든가, 대중을 조작하기 위해 사진을 본래 맥락에서 벗어나 사용한 경우 등이 여기에 해당한다. 근래 들어 가짜뉴스에 대한 사회적 압력이 커지면서 소셜미디어나 포털이 허위정보 단속을 강화하자, 사실에 근거한 정보여도 맥락을 호도하거나 본래와는 다른 프레임을 씌우는 등의 방식으로 단속망을 피하는 유해정보가 증가하는 추세다.

우리나라 학계에서는 최근 가짜뉴스의 대안 용어로 허위조작정보를 사용하는 빈도가 늘고 있다. 가짜뉴스로 인한 폐해가 커질수록 그 제작자 또는 유포자를 처벌해야 한다는 사회적 요구도 커지지만, 가짜뉴스의 개념적 모호성 탓에 관련 법률을 제정하는 데 적잖은 어려움을 겪고 있다. 게다가 가짜뉴스 처벌에 관한 입법은 자칫 표현의 자유를 억압한다는 비판을 받을 수 있다. 따라서 가짜뉴스의 개념을 명확히 하고, 그 적용 범위를 최소화할 필요가 있는 것이다.

또한 정보 장애 중에서도 사회적 해악을 방지하는 차원에서 결코 허용해서는 안 될 유형이 허위조작정보다. 우리 학계에서는 이런 맥락에서 가짜뉴스보다 의미가 분명한 허위조작정보를 대안 용어로 선호하는 경향이 있다. 허위조작정보는 정보의 허위성과 고의성에 초점을 맞춤으로써 가짜뉴스보다 의미가 명확하고 구체적이다. 언론이 보도하는 뉴스와 무관하다는 점에서 저널리즘의 정당성을 훼손할 가능성도 없다.

이처럼 학계나 언론계는 가짜뉴스라는 용어의 사용을 권하지 않지만, 현실적으로 이 용어는 사용 빈도가 매우 높은 편이다. 악플에 시달리다 생을 마감한 연예인의 기사에서,

심한 변동성을 보이는 주식시장에서, 이념 갈등이 극심한 정치권에서 우리는 거의 매일 가짜뉴스라는 말을 듣고 산다.

언론이나 대중이 이 용어를 쉽게 포기하지 못하는 이유는 어쩌면 다른 대안 용어보다 훨씬 직관적이어서 그런지도 모른다. 학계에서는 의미가 명확하고 구체적인 용어를 선호하지만, 대중적으로는 직관적인 용어가 소통하기에 편하기 때문이다. 이런 점을 고려해 이 책에서도 소통의 편의상 '가짜뉴스'라는 용어를 사용할 것이며, 문맥에 따라 허위정보 또는 허위조작정보를 함께 사용하고 있음을 밝혀둔다.

# 4
## 똑같은 가짜는 없다

앞서 가짜뉴스를 "의도적으로 속이거나 호도하기 위해 뉴스 형식으로 만들어진 거짓정보'라고 정의했다. 그러나 현실에서 가짜뉴스는 말하는 사람과 상황에 따라 매우 다양한 의미로 사용된다. 명백히 날조된 기사는 말할 나위도 없고, 때로는 풍자적 뉴스나 패러디, 사기성 거짓말, 선전, 낚시성 기사, 진실과 거짓이 교묘하게 뒤섞인 '진실의 칵테일'까지 가짜뉴스라고 일컫는 경우가 많다.

가짜뉴스 연구단체로 명성이 높았던 퍼스트 드래프트는 가짜뉴스의 유형을 체계적으로 정리한 바 있다. 퍼스트 드래프트의 공동설립자이자 연구책임자였던 클레어 워들 Claire Wardle은 2016년 미국 대통령선거 때 횡행한 가짜뉴스를 조사해 일곱 가지 유형으로 나누었다.[9] 여기서는 이 일곱 가지 유형의 가짜뉴스를 사례와 함께 소개한다. '풍자 또는 패러디'에서 '날조 콘텐츠'까지 뒤로 갈수록 가짜뉴스로서 해악이 크다고 볼 수 있다.

### 농담임을 숨긴 농담: 풍자 또는 패러디

유머와 과장을 통해 현실을 비틀어 표현하는 풍자satire와 패러디parody는 그 자체로 예술적·문학적 가치가 있다. 그러나 오늘날의 소셜미디어 세상에서는 의도와 상관없이 가짜뉴스로 오용될 가능성이 있다. 즉 누가 전략적으로 소셜미디어의 사실 검증 알고리즘을 우회해 루머나 음모론을 확산하는 데 풍자와 패러디가 활용될 수 있는 것이다. 반발이 생기면 "그런 의미가 아니니 너무 심각하게 받아들이지 말라"는 식으로 무마하고 넘어가면 된다.

문제는 처음 접한 사람은 그것이 풍자나 패러디라는 사실을 알지만, 이 사람 저 사람 건너서 공유하게 된 사람들은 본래 맥락에서 벗어난 것을 풍자나 패러디로 이해하지 못한다는 점이다. 종이신문이라면 지금 어떤 면을 보고 있는지, 보고 있는 기사가 진지한 칼럼인지 아니면 재치 넘치는 시사만화인지를 보여주는 시각적 단서가 있지만 온라인에서는 그렇지 않다.

풍자와 패러디 사이트로 유명한 《디 어니언The Onion》은 겉만 보면 진짜 뉴스 사이트처럼 여겨진다. 그러나 여기서 내세우는 거창한 주장, 예컨대 "1756년 종이신문으로 소박하게 출발한 《디 어니언》이 이제 일일 독자 4조 3000억 명을 확보하며 인류 역사상 가장 강력하고 영향력 있는 조직으로 성장했다"라고 과시하는 회사 소개문을 보면 주류 뉴스매체가 아니라는 것을 쉽게 알아차릴 수 있다.[10] 그러나 이런 《디 어니언》의 기사도 여러 사람을 건너 공유되면 풍자나 패러디라는 사실이 흐려져 진짜 뉴스로 받아들이는 사람이 생긴다. 특히 스크린샷이나 밈으로 만들어진 것을 페이스북이나 인스타그램에서 보게 될 경우, 본래 맥락을 말해주는 단서는 거의 사라지고 만다.

이러한 사례를 2017년 《르 몽드Le Monde》가 보도한 기사 〈마크롱과 노동자들의 '더러운 손': 후보자 이미지를 훼손한 사기〉가 보여준다.[11] 프랑스 대선 2차 결선에 진출한 에마뉘엘 마크롱Emmanuel Macron 후보가 어느 공장을 방문했는데, 노동자들이 마크롱에게 '노동자의 더러운 손'과 악수

하겠느냐며 도발하는 장면이 여러 차례 나왔다. 이 장면들은 주류 미디어와 온라인을 통해 널리 퍼졌으며, 결국 마크롱의 이미지에 나쁜 영향을 끼친 것으로 평가되었다. 그러나 이는 알고 보면, 1년 전에 패러디 사이트 '르 고라피Le Gorafi'가 마크롱이 가난한 사람들과 손을 접촉한 뒤 불결하게 느낀다고 보도한 풍자 기사에서 비롯되었다. 마크롱은 종종 엘리트주의자로 묘사되었던 까닭에 이 기사는 마크롱에 대한 공격으로 작용했다.

'르 고라피'의 풍자 기사가 나온 후, 극우 페이스북 페이지들이 해당 기사를 퍼 나르며 새로운 보도를 추가하기 시작했다. 여기에는 공장을 방문한 마크롱이 노동자들을 만난 후 자동차 안에서 물티슈로 손을 닦는 모습이라는 사진이 포함되었다. 그러나 이 사진은 프랑스 공영방송(프랑스 3)에서 방영된 다큐멘터리에서 가져온 것이며, 사실은 마크롱이 어부들과 만나 뱀장어를 만지고 난 다음 자동차 안에서 손을 닦는 장면이었다. 이런 장면을 담은 비디오들이 온라인에 번지면서 마크롱은 노동자들의 손을 더럽다고 여긴다는 근거 없는 믿음이 대중 사이에 퍼졌고, 대선 결선투표를 앞둔 마크롱이 공장을 방문하자 노동자들이 '노동자의 더러

프랑스 공영방송 다큐멘터리에서 마크롱 대통령이 어부들을 만나 뱀장어를 만진 뒤 자동차에서 손을 닦는 장면. 한 패러디 사이트가 풍자 기사를 보도한 뒤로 이 영상이 온라인에 번지면서 그가 노동자들의 손을 더럽게 여긴다는 근거 없는 믿음이 퍼졌다.

운 손'과 악수할 수 있느냐며 도발하는 장면이 나오게 된 것이다.

### 일단 클릭만 하면: 거짓 연결

디지털 시대에 경쟁이 치열해지자 각종 미디어가 트래픽과 클릭 수를 늘리기 위해 선정적인 언어를 사용하는 빈도가 증가하고 있다. 이런 언어로 장식된 제목·사진·자막을 따라가 보면 기대와는 크게 다른, 이른바 낚시성 콘텐츠로 연결되는 것을 거짓 연결 false connection이라 한다. 이는 인터넷이 발달한 선진 사회에서 보편적인 현상이지만, 특히 언론의 포털 의존도가 심한 우리나라에서 큰 문제가 되고 있다. 또 로이터 저널리즘 연구소의 조사에 따르면 우리나라는 세계에서 유튜브 이용률이 가장 높은 나라로, 유튜브 채널에서 낚시성 콘텐츠로 연결되는 거짓 연결 문제가 매우 심각하다.

어떤 이는 사람들이 이미 거짓 연결 관행에 익숙해져 있는데 크게 문제 될 게 있느냐고 반문할지 모르지만, 잘못된 정보를 확산시킬 가능성이 있으므로 가볍게 볼 일이 아니다. 소셜미디어 이용자들은 실제 콘텐츠를 주의 깊게 살펴보지 않은 채 선정적인 제목만 보고 다른 사람에게 전달하기도 한다. 그리하여 잘못된 정보가 시간이 지날수록 더 많은 사람에게 전파될 위험이 있는 것이다.

한편 우리나라의 대표적인 포털 네이버는 검색 제휴된 언론사만 1000여 개에 달한다. 우리나라 인구와 광고시장 규모를 생각하면 과도한 실정이다. 이런 상황에서 선정적 제목의 기사가 걸리면 조회 수가 높아지니 언론은 클릭 경쟁에 나서게 되는 것이다. 최근 연구한 결과에 따르면 기사 내용과 연관성이 낮은 선정적인 제목일수록 해당 언론사는 그 기사를 더 오래 게재해서 노출도를 높이려는 경향이 있었다.[12]

이런 선정적인 기사에 밀려 정작 중요한 뉴스가 종이신문에만 보도되고 뉴스캐스트(뉴스스탠드)에는 노출되지 않는 역전 현상은 또 다른 문제다. 트래픽과 클릭 수를 우선시한 자극적인 제목은 순간적인 클릭을 유도해 당장은 언론사 수익에 도움이 될지 모르지만, 장기적으로는 해당 언론사의 평판뿐만 아니라 언론 전반에 대한 신뢰도를 훼손하게 된다.

실제로 한국언론진흥재단의 조사에 따르면 2023년 포털 뉴스 이용률은 69.6퍼센트로, 조사를 시작한 2017년 이후 처음으로 70퍼센트를 밑돌았다. 2024년에는 67.7퍼센트로 더 떨어졌다.[13] 흥미로운 점은 이 조사에서 우리나라 언론의 가장 큰 문제점으로 '낚시성 기사'가 1위로 꼽혔다는 것이다. 이 조사를 바탕으로 우리나라 뉴스 이용자들이 점점 포털 뉴스를 외면하고 있으며, 낚시성 기사가 그렇게 외면하는 하나의 원인이라고 추정할 수 있다.

### 악마의 편집: 호도성 콘텐츠

사진, 인용문, 통계 등 사실에 근거한 정보라도 선택적으로 제시 또는 강조함으로써 오해를 일으키거나 왜곡된 인식을 심어주는 콘텐츠를 호도성 misleading 콘텐츠라고 한다. 언론은 흔히 자신의 관점이나 주장을 돋보이게 하려고 다양한 기법을 동원한다. 사진을 특정 방식으로 자른다든가, 인용문의 특정 부분만 사용한다든가, 통계를 선별적으로 제시하는 수법 등은 새롭지도 낯설지도 않다. 그러나 결과적으로 사건의 진실을 가리고 독자나 시청자를 호도하는 것이라면 가짜뉴스의 영역에 한 발 들어선 것이다.

예를 들어 2018년 9월 미국의 나이트재단 Knight Foundation과 갤럽 Gallup이 실시한 뉴스 미디어 신뢰도 조사를 보면, 미국 성인의 69퍼센트가 지난 10년 동안 미디어에 대한 신뢰를 잃었다고 대답했다. 그런데 세분해서 보면 공화당원은 94퍼센트, 민주당원은 42퍼센트만이 그렇게 대답했다. 이 조사 결과를 놓고 "대다수 미국인이 미디어 편향 때문에 미디어에 대한 신뢰를 잃었다"라고 한다면, 틀린 표현은 아니지만 사안의 실체를 제대로 전달했다고 보기 어려울 것이다. 현실을 정확히 보도하려면 세 수치를 모두 언급해야 한다. 그래야만 비판 언론을 가짜뉴스로 매도하는 트럼프 때문에 공화당원과 민주당원 사이의 뉴스 미디어 신뢰도 차이가 현격해졌음을 보여줄 수 있다.

미디어 사회학자 게이 터크먼Gaye Tuchman은 "뉴스는 세계를 향해 나 있는 창window"이라고 했는데, 이는 우리가 뉴스라는 창을 통해 바깥 세계를 이해한다는 뜻이다. 창틀의 모양에 따라 바깥 세계가 둥글게 보일 수도 네모나게 보일 수도 있는 것처럼, 뉴스가 어떤 틀을 지녔는지에 따라 세계가 다르게 인식된다. 이 뉴스의 틀을 '뉴스 프레임'이라고 하며, "수용자가 뉴스를 특정한 방식으로 해석하고 이해하게끔 돕는 이야기 구성 방식"으로 정의된다.

뉴스 프레임이 다르면 같은 사안이라도 다르게 해석되는 것을 피할 수 없다. 따라서 똑같은 이슈를 놓고 예컨대 《조선일보》와 《한겨레》의 보도가 왜 그토록 다른지 이해할 수 있을 것이다. 그렇다고 해서 《조선일보》와 《한겨레》의 보도를 호도성 콘텐츠라고 하지는 않는다. 물론 상대 신문 독자의 처지에서는 그렇게 생각할 가능성이 있다.

여기서 문제는 호도성의 정도다. 호도성은 정의하기가 쉽지 않다. 이는 맥락과 뉘앙스의 문제이며, 인용문의 어느 대목을 어느 정도 빼먹었느냐 하는 그런 문제다. 또한 통계를 제시하는 방식이 사실을 왜곡할 정도인지, 일부를 잘라낸 사진이 원본의 의미를 변경할 정도인지 하는 그런 문제다. 이런 미묘함 때문에 알고리즘으로 호도성 콘텐츠를 걸러내는 일이 낚시성 콘텐츠를 걸러내는 것보다 훨씬 어렵다고 한다. 컴퓨터는 진실과 거짓을 흑과 백의 이분법으로 이해하지만, 호도성은 완전히 회색의 영역이기 때문이다.

### 부분적 진실: 거짓 맥락

진실한 콘텐츠이지만 그것이 제시된 맥락을 왜곡해 사실관계를 오인하게 만드는 것을 거짓 맥락false context이라고 한다. 대표적인 사례로 2017년 런던의 웨스트민스터 다리에서 발생한 테러 사건을 들 수 있다. 이 사건은 2017년 3월 22일 영국 태생의 무슬림 남성 칼리드 마수드가 웨스트민스터 다리와 브리지스트리트 남쪽 보도를 따라서 보행자를 향해 차를 몰아 50명 넘게 다치고 5명이 사망한 사건이다.

그런데 사건이 일어난 뒤에 현장 사진을 담은 트윗 하나가 온라인을 뒤집어놓았다. 사진 자체는 진짜였다. 쓰러진 부상자 주변에 사람들이 모여 있고 바로 옆에 히잡을 쓴 무슬림 여성이 전화하며 지나가는 장면이었다. 해당 트윗은 이 여성이 테러 희생자에게 관심조차 없다는 식으로 묘사했다.[14]

나중에 이 여성은 인터뷰에서, 충격이 너무나 컸고 희생자를 존중하는 마음에서 일부러 보지 않았다고 진술했다. 멀쩡한 사진을 이용해 반이슬람 정서를 교묘하게 자극하는 프레임을 만든 이 트윗이 문제가 되자 트위터(현 '엑스') 차원에서 조사가 진행되었다. 조사 결과 아이디 'Texas Lone Star'의 실제 사용자는 존재하지 않았다. 결국 2017년 여름에 @SouthLoneStar 계정은 폐쇄되었는데, 나중에 알고 보니 이 계정은 러시아의 허위정보 캠페인 조직과 연결된 계정이었다.[15]

한편 실제 사진이나 발언을 완전히 다른 맥락에서 사용해 독자나 시청자를 혼란에 빠뜨리는 게 아주 드문 일은 아니다. 앞의 사례와 방식은 다르지만, 2015년 5월 6일 채널A는 '단독 입수' 자막을 달고 세월호 추모 집회에서 시위대가 경찰을 폭행한 사진이라며 세월호 집회와 무관한 사진을 보도한 바 있다. 2008년 6월 광우병 촛불집회 당시의《조선일보》사진을 "세월호 시위대의 경찰 폭행 사진"으로 내보내

2017년 3월 22일 런던 웨스트민스터 다리에서 테러 사건이 발생한 두, 한 트위터 계정에 "무슬림 여성이 테러 공격에 전혀 신경 쓰지 않은 채 전화를 확인하면서 죽어가는 사람 곁을 태연히 지나갑니다"라는 문구와 함께 현장 사진이 올라왔다. 이 트윗은 반이슬람 정서를 교묘히 자극했다. 그러나 나중에 이 여성은 당시 희생자를 존중하는 뜻에서 일부러 바라보지 않았다고 진술했으며, 조사 결과 계정의 실제 사용자는 존재하지 않았다.

고, 2003년 한국·칠레 FTA 국회 비준을 앞두고 열린 농민 집회에서《오마이뉴스》가 찍은 경찰과 시위대 사이의 몸싸움 장면도 세월호 시위대의 폭행 사진으로 오인하게끔 보도한 것이다.[16] 해당 언론사는 사건이 알려진 후 오보를 인정하고 사과했지만, 알고도 그랬다면 명백한 허위보도에 해당한다.

### 브랜드를 훔쳐라: 사칭 콘텐츠

여기서 사칭은 공신력이 높은 인명이나 브랜드를 도용한다는 뜻으로, '사칭 콘텐츠imposter content'는 믿을 만한 소스(출처)에서 나온 것처럼 꾸민 거짓 콘텐츠를 말한다. 우리가 세상을 이해하는 데 도움이 되는 일종의 '정신적 지름길'을 휴리스틱heuristic이라고 하는데, 새로운 정보를 만나면 우리 뇌는 정보의 신뢰도 등을 가늠하기 위해 휴리스틱을 찾게 된다. 이때 우리가 잘 아는 브랜드나 로고는 매우 강력한 휴리스틱이 된다. 처음 보는 시계에 롤렉스 상표가 붙어 있으면 길게 생각할 것 없이 고급 시계라는 믿음이 생긴다. 근래에는 선거와 같은 정치과정에서도 공신력 높은 사람이나 채널을 도용한 허위정보가 점점 증가하는 추세다.

퍼스트 드래프트가 제시한 사례를 소개하면, 2017년 케냐 총선을 앞두고 BBC 뉴스를 사칭한 가짜 동영상이 왓츠앱 WhatsApp에 돌아다니자 BBC가 공식적으로 이를 부인하는 메시지를 낸 적이 있다. 또 다른 사례로는, 2016년 미국 대통령선거 기간에 나우디스NowThis 로고가 붙은 가짜 동영상이 소셜미디어에 나돌아 나우디스가 이를 부인하는 메시지를 낸 적이 있다. 나우디스는 2012년에 설립된 미국의 진보 성향 매체로 짧은 동영상 제작에 특화한 매체인데, 클린턴 전 대통령 부부에 관한 가짜 동영상이 자사 로고를 도용하자 이를 부인한 것이다.

2016년 미국 대선에서 유명했던 다른 사례로는 힐러리 클린턴 후보의 대선 캠페인 공식 로고를 사칭한 가짜 광고를 들 수 있다.[17] 이 광고에는 "사전 투표 하세요. 오늘 59925번으로 '힐러리'라고 문자 보내세요"라는 문구가 들어 있고, 클린턴 후보의 공식 로고와 함께 후보 캠프에서 광고비를 냈다는 표현이 있다. 이 트윗의 주인공은 "힐러리 지지자는 문자로 투표하고, 트럼프 지지자는 투표소에 가야 한다! 공평하지 않다!"라는 글을 광고와 함께 담았다. 누가 봐도 클린턴 지지자에게 투표 혜택이 있는 것처럼 꾸민 이

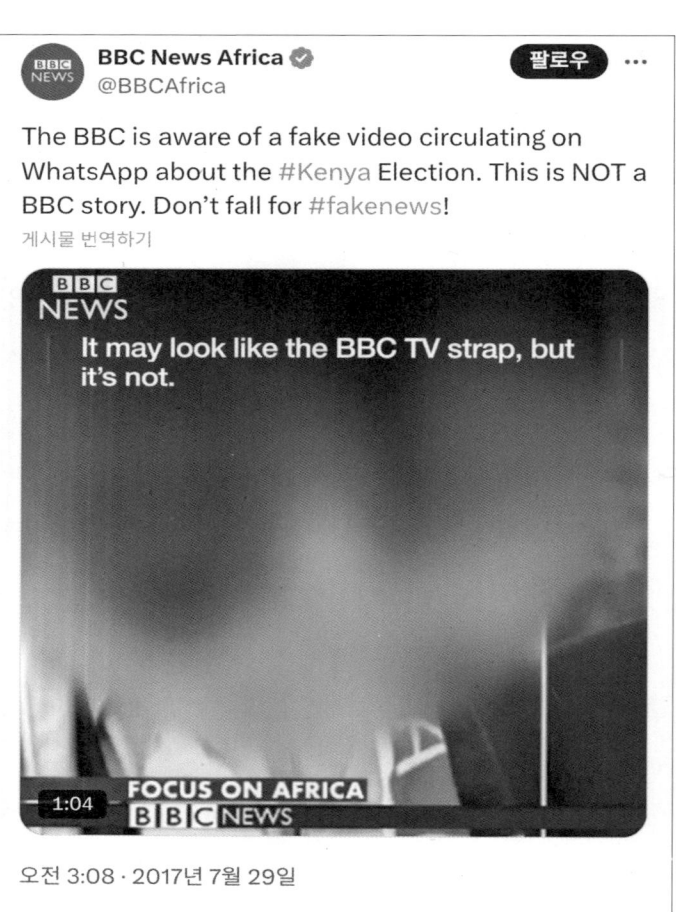

2017년 케냐 총선을 앞두고 BBC 뉴스를 사칭한 가짜 동영상이 나돌자 BBC는 트위터에 다음과 같은 메시지를 올렸다. "BBC는 왓츠앱에서 케냐 선거에 관한 가짜 동영상이 유포되고 있다는 사실을 알고 있습니다. 이것은 BBC의 기사가 아닙니다. 가짜뉴스에 속지 마세요!"

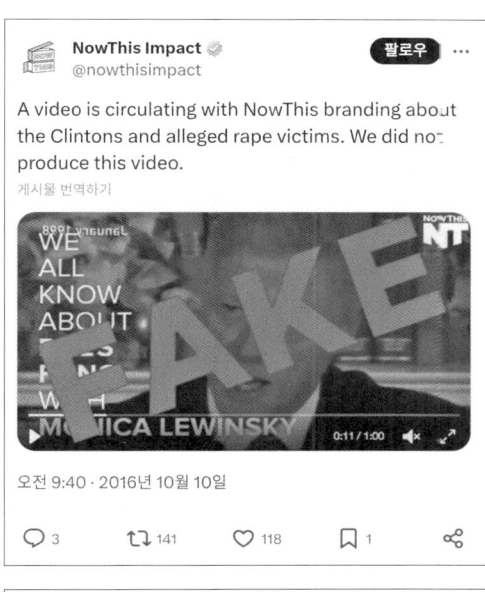

2016년 미국 대통령선거 기간에 진보 성향 매체 나우디스의 로고가 붙은 가짜 동영상이 소셜 미디어 왓츠앱에 나돌자 나우디스가 이를 부인하는 메시지를 트위터에 올렸다(위). 힐러리 클린턴 후보의 대선 캠페인 공식 로고를 사칭해 클린턴 지지자에게 투표 혜택이 있는 것처럼 꾸민 가짜 광고도 있었다(아래).

사칭 콘텐츠는, 사실은 특정 유색인종 커뮤니티를 겨냥해 만든 것이었다.

### 대놓고 합성하기: 조작 콘텐츠

사람들을 속이기 위해 진실한 정보나 이미지를 변경한 콘텐츠를 조작manipulated 콘텐츠라고 하며, 주로 사진과 동영상 같은 시각적 정보를 대상으로 한다. 디지털 시대에는 강력한 이미지 조작 소프트웨어가 발달하면서 사진 조작이 점점 일상화하고 있다. 독자나 시청자의 이목을 끌기 위해 주류 미디어들도 때로는 사진의 명암을 다르게 하거나 사소한 부분을 제거하는 등 이른바 '포샵'을 하는 경우가 있는데, 이는 본래 이미지를 왜곡할 가능성이 있으므로 삼가야 할 일이다. 정말 심각한 문제는 조작된 이미지가 본래 이미지와 전혀 다른 새로운 의미를 만드는 경우다.

퍼스트 드래프트가 제시한 사례 중에는 2016년 미국 대선을 앞두고 사진 두 장을 하나로 합쳐 완전히 다른 의미의 사진으로 조작해 올린 트윗이 있다. 문제의 사진은 작은 사진 두 장을 합성한 것이다. 59쪽의 아래 왼쪽 사진은 2016년 3월 애리조나에서 치른 예비선거(프라이머리) 투표 장면이며,

가짜뉴스 연구단체 퍼스트 드래프트가 조작 콘텐츠 사례로 제시한 사진(위)은 2016년 3월 애리조나에서 치른 예비선거 투표 사진(아래 왼쪽)과 미국의 이민세관단속국이 보유한 이미지(아래 오른쪽)를 합성한 것으로, "이민국 경찰이 투표소에서 사람들을 체포하고 있다"라는 말이 영어와 스페인어로 적혀 있다.

오른쪽 사진은 미국의 이민세관단속국ICE이 보유한 이미지다. 이 두 사진을 합성해서 만든 큰 사진은 마치 투표소에 투표하러 갔다가 ICE 경찰관에게 체포당하는 장면처럼 보인다. 사진에는 "이민국 경찰이 투표소에서 사람들을 체포하고 있다"라는 말이 영어와 스페인어로 적혀 있다. 누가 투표율을 떨어뜨리기 위해 고의로 만든 것인데, 흑인과 히스패닉계 등 민주당 지지자를 겨냥한 것이라는 해석이 있다.

### 딥페이크의 파괴력: 날조 콘텐츠

날조fabricated 콘텐츠는 사람들을 속이고 해를 끼치기 위해 고안된 완전 허위 콘텐츠로, 사실적 근거가 전혀 없다. 수용자는 콘텐츠 제작자의 선의를 믿고 그것을 의심하지 않겠지만, 날조 콘텐츠 제작자는 수용자를 오도하려는 의도를 품은 경우가 많다.

뉴스 날조의 유명한 사례로는 2016년 7월 가짜뉴스 웹사이트 'WTOE 5 News'에 올라온 기사 〈프란치스코 교황이 도널드 트럼프를 대통령으로 지지하다〉를 들 수 있다. 물론 전혀 근거 없는 가짜뉴스였다. 2016년 미국 대선에서 소셜미디어와 가짜뉴스를 분석한 연구에 따르면, 도널드 트럼프에게 유리한 거짓 뉴스는 페이스북에서 3000만 번 공유되고 힐러리 클린턴에게 유리한 거짓 뉴스는 800만 번 공유되었는데, 뉴스를 기억한 사람들 가운데 절반을 살짝 넘는 사람들이 사실로 믿었다고 한다.[18]

최근 인공지능 기술의 폭발적인 발전은 이른바 '딥페이크'라 불리는 날조 콘텐츠에 대한 우려를 더욱 키우고 있다. 딥페이크는 '딥러닝deep learning'과 '페이크fake'의 합성어로, 인공지능 기술을 활용해 인간의 얼굴·음성·행동 등을 조작하는 기술이다. 딥페이크는 정교한 얼굴 변조, 음성 합성, 가짜 영상 제작 등 다양한 방식으로 활용되고 있다. 최근에는 이 기술이 음란물 제작이나 보이스피싱 범죄 등에 악용되는 사례가 많아 사회문제가 되고 있으며, 특히 정치적 목적으로 날조된 가짜뉴스는 민주주의에 큰 해악을 끼친다.

인공지능에 의한 날조 콘텐츠는 일일이 거론하기 힘들 정도로 많다. 음성 날조 사례로는 2024년 1월 뉴햄프셔주 미국 대선 예비선거를 앞두고 민주당 유권자들에게 유포된 조 바이든 대통령의 가짜 음성 메시지를 들 수 있다. "11월 대선을 위해 당신의 표를 아껴두는 것이 중요합니다. 이번

화요일에 투표하는 것은 공화당의 도널드 트럼프를 다시 선출하도록 돕는 것입니다"라는 음성 메시지는 바이든의 목소리를 흉내 낸 딥페이크 음성으로, 민주당 유권자들의 투표 거부를 유도하기 위해 만들어졌다.

음성 날조보다 파급 효과가 더 큰 것은 영상 날조다. 2023년 3월 온라인에 퍼졌던 '발렌시아가 교황'이라는 사진이 있다.[19] 프란치스코 교황이 패션 브랜드 발렌시아가의 멋진 패딩을 입은 사진인데, 인공지능 미드저니Midjourney가 생성한 가짜 사진이었다. 이 사진은 온라인 커뮤니티 레딧Reddit에 처음으로 포스팅되었다가 트위터(엑스)와 틱톡을 통해 전 세계로 퍼져나갔다.

교황의 가짜 사진은 많은 사람에게 놀라움을 주며 웃음으로 받아들여졌지만, 승부를 다투는 정치의 세계에서는 상황이 전혀 다르다.

2024년 8월 민주당 전당대회를 앞두고 도널드 트럼프는 카멀라 해리스Kamala Harris 부통령이 시카고의 어느 공산주의자 집회에서 연설하는 사진이라며 소셜미디어 트루스소셜Truth Social과 엑스X에 인공지능이 만든 가짜 사진을 공유했다. 그는 해리스 부통령의 진보 성향을 빗대어 '카멀라

2016년 7월 가짜뉴스 웹사이트에 올라온 기사 〈프란치스코 교황이 도널드 트럼프를 대통령으로 지지하다〉(위)와 2023년 3월에 퍼진 발렌시아가 패딩을 입은 교황 사진(아래)은 SNS를 통해 전 세계로 퍼졌다.

2024년 8월 민주당 전당대회를 앞두고 공화당 후보인 도널드 트럼프 전 대통령이 소셜미디어 트루스소셜과 엑스에 공유한 가짜 사진. 그는 해리스 부통령이 공산주의자라고 주장했기 때문에 이 사진의 정치적 효과는 결코 무시할 만한 수준이 아니었다.

동지'라고 부르며 해리스가 공산주의자라고 주장했기 때문에, 이 가짜 사진의 정치적 효과는 결코 무시할 만한 수준이 아니었다.

2장

# 어쩌다 가짜뉴스 세상이 되었나

소셜미디어가 가짜뉴스의 고속도로라면, 인공지능은 허위조작정보의 최신 공장이라 할 만하다. 소셜미디어에서 생각이 같은 사람들과 소통하고 자신의 성향에 맞는 정보에 반복적으로 노출되면 기존의 신념이 강화·증폭한다. 알고리즘이 제공하는 맞춤 정보는 필터 버블을 생성하고, 그 안에 갇혀 생각이 비슷한 사람들과 교류하면 에코 체임버가 강화한다. 필터 버블은 에코 체임버 형성을 돕고 에코 체임버는 필터 버블을 강화하는 이 과정에서 자신과 의견이 다른 정보에는 점점 덜 노출되면서 기존의 신념과 태도는 강화하고 증폭한다.

# 1
## 사실 여부는 중요하지 않다: 탈진실시대

**"모든 것이 사실이고 아무것도 사실이 아닌"**

어느 나라에서든 선거 기간에는 흑색선전이나 헛소문이 난무하게 마련이지만, 2016년 미국 대선은 그야말로 가짜뉴스가 만연한 선거였다. 완전히 양극화한 후보들과 그들의 열성 지지자들이 쏟아내는 근거 없는 발언이 소셜미디어를 통해 퍼져나가면서 가짜뉴스는 2016년 미국 대통령선거를 상징하는 용어가 되었다.

"힐러리 클린턴이 피자 가게에서 아동 성매매 조직을 운영하고 있다." "민주당이 플로리다에 이슬람법을 시행하려 한다." "맨해튼에서 열린 도널드 트럼프 집회에 참석한 수천 명이 '우리는 무슬림을 미워하고, 흑인을 미워하며, 우리의 위대한 나라를 되찾고 싶다'고 외쳤다." 이 모든 말이 사실이 아니었다. 이와 비슷한 이야기는 수도 없이 많았다. 폴리티팩트는 선거의 해에 터무니없는 거짓말이 이토록 난무했다는 상징성에 주목해 2016년 '올해의 거짓말'로 가짜뉴스를 선정했다.

같은 해에 옥스퍼드 사전은 '올해의 단어'로 '탈진실post-truth'을 선정하고 이를 "객관적인 사실보다 감정과 개인적 신념에 호소하는 것이 여론 형성에 더 큰 영향을 미치는 상황"이라고 정의했다. 여기서 접두사 '탈post'은 '전후post-war'라는 단어에서 보듯 시간적 의미에서 '지난past' 것이라는 뜻이 아니라 진실이 퇴색해버렸다는 것, 즉 진실이 중요하지 않게 되어버렸다는 뜻이다. 2016년 영국의 브렉시트 국민투표와 미국의 대통령선거를 거치면서 이 용어의 사용 빈도가 전년도보다 20배 증가했다고 하니, 옥스퍼드 사전이 이 단어를 2016년 '올해의 단어'로 선정한 것에 수긍이 간다.

폴리티팩트는 "가짜뉴스는 탈진실 사회의 가장 대담한 신호"라고 하면서, 우리가 기본적인 사실에 동의할 수 없거나 사실이라는 것이 존재한다는 것에 동의할 수 없다면 도

대체 어떻게 서로 이야기를 나눌 수 있겠느냐며 이 문제의 심각성을 제기했다.

2016년 미국 대선 후 버락 오바마Barack Obama 전 대통령이 잡지 《뉴요커The New Yorker》와 인터뷰한 적이 있다. 그는 지금의 미디어 생태계가 "모든 것이 사실이고 아무것도 사실이 아닌 곳"이라면서 이렇게 말했다. "허위정보와 터무니없는 음모론을 퍼뜨리고 일방적으로 반대파를 매도하는 역량이 더욱 가속화해, 유권자는 훨씬 더 날카롭게 양극화하고 공통의 대화를 나누는 것조차 몹시 어려워졌습니다."[1] 민주주의에는 정확한 정보와 자유로운 대화가 필수적이라고 믿는 사람이라면, 오바마의 말이 얼마나 민주주의를 걱정하는 말인지 이해할 수 있을 것이다.

### 미국의 격화된 전쟁

실제로 많은 사람이 우려했는데도 2020년과 2024년의 미국 대선에서 가짜뉴스는 여전히 범람했다. 오히려 해가 갈수록 허위정보의 도구와 유통 채널은 더욱 다채로워졌다. 2024년 대선은 초박빙이리라는 예상과 달리 공화당 후보인 도널드 트럼프 전 대통령의 완승으로 끝났다.

그러나 가짜뉴스 전쟁이 더욱 격화할 것이라는 전문가들의 예상은 빗나가지 않았다. 예를 들어 이민자를 향한 공화당의 흑색선전은 이전 선거에서도 단골 메뉴였지만, 2024년 선거에서는 아이티 이민자들이 이웃의 반려동물을 잡아먹는다는 가짜뉴스까지 나왔다. 이 허위정보는 오하이오주 스프링필드의 한 주민이 페이스북에 "이웃 딸의 친구가 아이티 이민자들이 사는 집 밖에서 고양이가 학대당하는 것을 보았다"라고 올린 글이 보수단체 사람들에 의해 "아이티 이민자들이 반려동물을 잡아먹는 것을 보았다"는 식으로 소셜미디어에 퍼지면서 시작되었다. 그 뒤 오하이오주 상원의원인 J. D. 밴스 James David Vance 부통령 후보가 이 정보를 퍼뜨리는 데 가담하고 9월 10일에 트럼프가 대선 후보 토론회에서 이 거짓정보를 전달하면서 일파만파 퍼져나갔다. 그는 "스프링필드에서는 이민자들이 고양이를 먹습니다. 주민들의 반려동물도 먹습니다. 이것이 우리 나라에서 일어나고 있는 일입니다"라고 주장했다. 그러나 모두 사실이 아니었다. 한국이라면 공직선거법상 허위사실 공표로 당선 무효가 되고도 남을 일이었다.

이민자 관련 허위정보 말고도 2024년 미국 대선에서는

2024년 미국 대선에서는 아이티 이민자들이 이웃의 반려동물을 잡아먹는다는 가짜뉴스가 나왔다. 한 주민이 올린 페이스북 글이 왜곡된 채로 소셜미디어에 퍼지자 밴스 부통령 후보도 가담했고, 트럼프가 대선 후보 토론회에서 이를 전달했다.

상대 후보의 평판을 깎아내리기 위한 온갖 인신공격과 음모론이 난무했다. 투표 기계가 투표를 조작한다는 부정선거 음모론, 민주당 해리스 후보의 인종적 배경에 대한 인신공격, 부통령 후보 팀 월즈Tim Walz가 옛 제자들을 성추행했다는 거짓 주장 등 다양했다.

게다가 2024년 대선에서는 인공지능과 딥페이크 기술이 대거 사용되었다. 트럼프 선거에 적극 참여한 일론 머스크Elon Musk는 자신이 소유한 소셜미디어 '엑스'뿐 아니라 이미지를 생성할 수 있는 AI 챗봇 '그록Grok'을 출시해 AI 전쟁에 적극 활용했다. 2024년 가을에 허리케인 헐린과 밀턴이 미국을 강타했을 때 그록은 바이든 행정부의 무능력을

2024년 가을에 허리케인 헐린과 밀턴이 미국을 강타했을 때 AI 챗봇이 바이든 행정부의 무능력을 비판하는 다양한 합성 이미지를 생성했는데, 그중 작은 소녀가 강아지를 안고서 우는 사진은 조회 수 800만을 기록했다.

비판하는 다양한 이미지를 생성했는데, 그중 작은 소녀가 강아지를 안고 우는 사진은 조회 수 800만을 기록했다.

민주당도 트럼프 후보의 노쇠함을 조롱하는 합성물을 만드는 등 허위정보 전쟁에서 뒷짐만 지고 있지는 않았지만, 공화당에 견줄 바는 아니었다. 폴리티팩트에 따르면 도널드 트럼프의 발언 중 76퍼센트가 거짓 또는 대부분 거짓으로 판명되었고, 카멀라 해리스의 경우는 47퍼센트가 그러했다. 이러한 비율은 리드스토리즈LeadStories 같은 다른 팩트체크 매체에서도 비슷하게 나타났다. 이 매체는 두 후보자와 러닝메이트들에 관한 허위정보 리스트를 발행했는데, 전체 256개 중 3분의 2가 민주당 후보인 카멀라 해리스 또는 팀 월즈를 겨냥한 허위정보였다.[2]

### 괴담과 음모론

한국 사회도 허위정보와 음모론으로 몸살을 앓아왔다. 국가적으로 중요한 시기마다 괴담 또는 음모론이 등장해 나라를 혼란으로 몰아간 경험이 있다.

2008년에 발생한 이른바 '광우병 사태' 때는 미국산 쇠고기를 먹으면 광우병에 걸린다는 '뇌송송 구멍탁' 같은 괴담으로 인해 갓 출범한 이명박 정부가 휘청거릴 정도로 국가적 혼란을 겪은 바 있다. 또 2010년 3월 천안함 침몰 사건 때는 민군합동조사단이 북한의 어뢰 공격 때문이라고 공식 발표했지만 좌초설, 기뢰폭발설, 미국 잠수함 충돌설 같은 근거 없는 괴담이 나돌았으며, 심지어 자폭설이라는 음모론까지 나돌아 희생자 유족들의 마음에 상처를 주었다. 2014년 세월호 참사 때도 '미군 잠수함 충돌설' 같은 괴담이 돌아 사회적 혼란을 더욱 부추겼다. 2017년 경북 성주에 미군의 사드THAAD가 배치될 때는 "사드 전자파가 성주 참외를 썩게 한다"는 식의 '사드 괴담'이 나돌았다.

2022년에는 야당 국회의원이 국회 국정감사에서 대통령과 법무부 장관 등이 술자리를 했다는 이른바 '청담동 술자리 의혹'을 폭로해 정치권을 발칵 뒤집어놓았지만, 사실무근으로 밝혀졌다. 또한 앞서 언급한 바와 같이, 2024년 12월 3일 비상계엄 당일 계엄군이 선거연수원에서 중국인 간첩단 99명을 체포했다고 보도한 《스카이데일리》 가짜뉴스 사건이 있었다.

이 밖에도 지난 20여 년 동안 대통령선거 같은 주요 선거가 있거나 국가의 중대한 정책을 결정하는 과정에서 가짜뉴스 또는 허위정보로 인해 온 나라가 혼란에 빠진 적이 여러 번이다. 그리고 이렇게 혼란스러운 과정에서 정치인들의 근거 없는 발언이 사태를 가라앉히기보다 혼란을 더욱 키운 경우가 다반사였다.

어쩌다 세상이 이렇게 되었을까? 발언의 진실성은 어느 시대 누구나 지켜야 할 중요한 덕목이다. 특히 민주주의 정치에서 거짓말은 용납될 수 없다. 현란한 말재주로 사람들을 잠시 속일 수 있을지는 몰라도 모든 사람을 영원히 속일 수는 없다. 특히 정치인의 경우, 진실이 드러나는 순간 정치 생명이 위협받으므로 발언에 늘 신중해야 한다.

그러나 우리가 사는 이 시대에 발언의 진실성은 퇴색해버렸다. 발언 자체가 중요할 뿐, 내용의 진실 여부는 중요하지 않게 되어버렸다. 사람들은 이제 더는 사실에 기초한 판단을 하지 않는다. 객관적 사실보다 감정이나 개인적 신념이 여론을 더 크게 좌우하는 탈진실의 시대가 되고 말았다.

어쩌다 21세기는 가짜뉴스가 판치는 탈진실의 세상이 되었을까? 시대가 변했다면, 역사적으로나 사회적으로 그런 변화를 추동한 것은 과연 무엇일까?

# 2
# 검색의 시대가 불러온 것: 인터넷 혁명과 전통 미디어의 쇠퇴

### 미디어, 메시지가 되다

세상이 이렇게 변한 밑바탕에는 과학기술의 진보가 있다. 20세기 들어 인류는 여러 분야에서 눈부신 혁신을 이루었는데, 그중에서도 컴퓨터로 대표되는 전기전자공학의 발달은 미디어 환경을 완전히 바꾸어놓았다. 탈진실시대의 도래와 관련해 학자들이 가장 빈번하게 지적하는 시대적 배경은 인터넷 혁명과 거기에서 비롯한 미디어 환경의 급격한 변화다.

기술혁신을 문명 발달의 원동력으로 보는 시각이 새삼스러운 것은 아니다. 그러나 대표적으로 해럴드 이니스Harold Innis와 마셜 매클루언처럼 인류 문명을 커뮤니케이션 관점에서 조망하는 학자들은 커뮤니케이션 테크놀로지의 변화에 주목한다. 그들은 당대에 지배적이었던 미디어의 특성을 분석하고, 문명 발달과 문화 형성에 미친 영향을 탐구했다.

이니스는 미디어를 시간 편향적 미디어와 공간 편향적 미디어로 구분했다. 시간 편향적 미디어는 석판이나 양피지처럼 메시지를 먼 후대에까지 전달하는 매체로, 안정성을 특징으로 하고 공동체와 전통·종교에 친화적이다. 반면 공간 편향적 미디어는 종이나 현대의 전자매체처럼 멀리 떨어진 지역까지 정보를 빠르고 쉽게 전달하는 매체로, 변혁·세속주의·물질주의 등을 촉진한다고 본다.

한편 매클루언은 미디어를 인간 능력의 확장으로 보고 메시지와 상관없이 우리가 세상을 인식하는 방식에 영향을 준다고 보았다. 말하자면 미디어가 곧 메시지라는 것이다. 그에 따르면 원시 부족 시대에 인간은 시각·청각·촉각 등이 조화를 이뤄 감각의 균형을 유지했지만, 알파벳 문자의 발명은 감각 균형을 무너뜨려 시각 중심형 인간을 만들었고, 16세기 인쇄술의 발명은 이런 과정을 가속화했다. 그러나 전자매체 시대가 열리면서 인간의 감각 균형이 복구되어 궁극적으로 인류가 재부족화할 것이라고 보았다.

이니스와 매클루언은 기술혁신에서 비롯한 사회변화의 성격을 놓고는 해석이 달랐지만, 커뮤니케이션 테크놀로지가 사회 변화의 중심에 있다는 생각은 같았다. 한 시대의 지배적 미디어는 그 시대의 사회적 성격과 문화에 영향을 준다고 보았는데, 그들이 살았던 20세기는 신문과 텔레비전으로 대표되는 매스미디어의 시대였다. 21세기를 사는 우리가 이제는 '레거시 미디어'라고 일컫는 이 전통 미디어들은 한 세대 전만 해도 현대인의 삶을 지배하던 주류 미디어였다. 중산층 가정이면 적어도 신문 한 종류는 구독했다. 텔레비전은 뉴스와 오락을 책임지는, 그야말로 없어서는 안 될 존재였다.

그러나 20세기 말에 인터넷 혁명이 일어나면서 모든 것이 달라졌다. 인터넷은 단순히 새로운 기술의 출현에 그치지 않고, 정보와 미디어 생태계를 근본부터 뒤흔드는 일대 변화를 불러왔다. 이 혁신은 누구나 정보를 생산하고 소비할 수 있는 정보 민주화 시대를 열었다. 그러나 동시에 오랫동안 정보 유통에서 문지기 역할을 해온 레거시 미디어의 권위와 영향력을 약화하는 결과를 가져왔다. 구체적인 수치를 살펴보자.

### 뉴스 소비의 변화

인터넷의 역사는 1960년대 초까지로 거슬러 올라간다. 일종의 통신망인 인터넷을 오늘날의 사회문화 혁명으로 만든 데는 월드와이드웹www의 역할이 컸다. 이는 1989년 팀 버너스 리Tim Berners-Lee가 처음 제안한 정보관리 시스템으로, 줄여서 '웹'이라고도 한다. 1993년에 윈도우로 이용할 수 있는 웹 브라우저가 출시되어 대중화의 문을 열었다.

우리나라에서는 1990년대 PC통신의 등장과 함께 인터넷 문화가 시작됐는데, 일반적으로 하이텔이 코넷KORNET이라는 인터넷 상용 서비스를 시작한 1994년을 인터넷 대중화의 원년으로 삼는다. 그 뒤 인터넷은 전자메일, 인스턴트 메신저, 인터넷 전화, 화상통화뿐 아니라 온라인 포럼, 블로그, 온라인 쇼핑 사이트를 포함하는 엄청난 웹 세계를 창조해냄으로써 현대인의 삶을 혁명적으로 바꿔놓았다.

1990년대의 인터넷 혁명은 21세기 들어 스마트폰의 출현과 소셜미디어를 통해 한 단계 더 도약한다. 스티브 잡스Steve Jobs의 애플은 2007년 최초의 스마트폰인 아이폰을 출시함으로써 인류를 모바일의 세계로 인도했다. 우리나라는 2009년 아이폰이 도입되면서 모바일 시대로 들어섰는데,

불과 5년 후인 2014년에는 4000만 대 이상의 스마트폰이 사용되면서 보급률이 80퍼센트에 이르렀다.

공교롭게도 아이폰이 출시된 것과 비슷한 시기에 오늘날의 대표적인 소셜미디어가 잇달아 출현했다. 마크 저커버그Mark Zuckerberg는 2004년에 페이스북을 출시했고, 동영상 공유 플랫폼 유튜브는 2005년에 서비스를 개시했으며, 엑스의 전신인 트위터는 2006년에 출범했다. 이들 소셜미디어가 스마트폰이라는 손안의 컴퓨터에 들어오면서 인터넷 혁명은 모바일 혁명으로 진화했다.

인터넷과 모바일 혁명은 인류의 삶을 전방위적으로 변화시켰지만, 인터넷이 본질적으로 커뮤니케이션 네트워크라는 점에서 특히 뉴스 미디어 생태계에 막대한 영향을 끼쳤다. 인터넷 혁명 이전에 현대인의 뉴스 소비는 신문·텔레비전 같은 전통 미디어에 거의 절대적으로 의존하고 있었다. 미국의 비영리 조사기관인 퓨 리서치 센터에 따르면, 1984년에 미국의 일간지 발행부수는 6334만 부였다. 당시 가구 수가 약 6200만이었으니 가구당 평균 신문 1부를 구독한 셈이었다.

그러나 이 수치가 2022년에는 약 2100만 부로 크게 떨어졌다. 한국언론진흥재단의 조사에 따르면 우리나라도 1996년 정기구독률은 69.3퍼센트로 10가구 중 7가구가 신문을 정기구독했다. 그런데 2014년에는 정기구독률이 20.2퍼센트로 떨어져 5가구 중 1가구만 신문을 구독했다. 정기구독률에 관한 최근 데이터는 없지만, 지금은 이 수치가 10퍼센트 미만일 것으로 확실시된다. "지난 1주일간 종이신문을 이용한 적이 있는지"를 조사하는 신문열독률 조사에서 1996년에 85.2퍼센트였던 신문열독률이 2006년에는 68.8퍼센트, 2014년에는 30.7퍼센트, 2024년에는 9.6퍼센트로 급격히 줄었기 때문이다.

텔레비전은 뉴스매체이기도 하지만 오락매체의 성격이 강해서 신문보다는 이용률이 아직 양호한 편이다. 그러나 뉴스 소비에서 그 비중이 감소하는 추세라는 사실은 분명하다. 미국에서 3대 네트워크 텔레비전의 저녁 뉴스 시청자 수는 텔레비전 뉴스와 관련해 가장 중요한 데이터로 간주되는데, 이에 관한 퓨 리서치 센터의 자료를 보면 1992년에 4200만 명이던 것이 2022년에는 1900만 명에 불과했다. 우리나라에서는 2014년에 "지난 1주일간 텔레비전 뉴스/시사 프로그램을 이용한 적이 있는지" 묻는 질문에 그렇다고 응답한 비율이 87.1퍼센트로, 처음으로 90퍼센트 아래로 떨어졌다. 이 수치는 계속 감소해 2024년에는 72.2퍼센트였다. 우리 국민 10명 중 약 3명이 지난 1주일 동안 텔레비전 뉴스/시사 프로그램을 전혀 보지 않았다는 뜻이다.

신문과 텔레비전 이용률의 감소세와 상반되게 인터넷 이용률은 꾸준히 증가했다. 한국언론진흥재단 조사에서 모바일과 PC를 포함해 "지난 1주일간 인터넷을 이용한 적이 있는지" 묻는 질문에 그렇다고 응답한 사람의 비율은 2011년에 67.5퍼센트였다. 이 수치는 계속 증가해 2024년에 이르러서는 93.6퍼센트를 기록하며 인터넷이 텔레비전을 제치고 가장 이용률 높은 매체가 되었다.

2024년 현재 인터넷 기반 매체 이용률을 보면 네이버 등 인터넷 포털이 84.3퍼센트, 카카오톡 등 메신저 서비스가 91퍼센트, 유튜브 등 온라인 동영상 플랫폼이 69퍼센트, 페이스북 등 SNS가 45.4퍼센트다. 인터넷 뉴스는 이제 포털을 통한 온라인 뉴스뿐만 아니라 동영상 플랫폼이나 SNS, 메신저 서비스 등 다양한 경로를 통해 이용된다. 한마디로, 뉴스 소비의 많은 부분이 전통 미디어에서 온라인과 소셜미디어로 옮아간 것이다.

### 흔들리는 레거시 미디어

이러한 변화가 뜻하는 바는 무엇일까? 우선 정보의 생산·유통 구조가 완전히 달라졌다. 예전에는 이른바 매스컴이라 불리는 소수 언론사와 방송국이 뉴스를 독점적으로 생산하고 유통했다. 매스컴은 '매스커뮤니케이션 mass communication'을 줄인 말로, 불특정 다수의 대규모 수용자에게 대량의 정보를 전달하는 커뮤니케이션 형태를 가리킨다. 매스미디어의 커뮤니케이션 형태가 매스커뮤니케이션이라고 보면 된다.

매스커뮤니케이션의 특징은 정보 전달이 일방향이어서 즉각적인 피드백이 어렵다는 점이다. 매스컴이 지배하던 시대에는 정보 생산의 주도권이 언론사에 있었으며, 일반 수용자는 언론이 제공하는 뉴스를 소비하는 단순 소비자에 불과했다. 기자나 PD 등 언론인은 뉴스를 생산하는 전문 직업인이고, 일반 수용자가 뉴스 생산에 참여하는 길은 극히 제한적이었다.

그러나 인터넷 혁명과 함께 이 모든 것이 달라졌다. 이제는 누구나 정보를 생산하고 공유할 수 있다. 이른바 소비자도 생산에 참여할 수 있는 '프로슈머'의 시대가 열린 것이다. 게다가 온라인의 수많은 콘텐츠가 무료다. 그런 마당에 굳이 돈을 내면서까지 전통 미디어를 이용할 사람이 얼마나 되겠는가. 한마디로 디지털 미디어가 번성하면서 전통 미디어는 과거의 위상을 지키기가 몹시 어려운 상황이다.

정보 생산과 유통의 주도권이 전통 미디어와 언론인에서 일반 대중으로 넘어가면서 기존 언론의 독점적 지배력이 무너지자 정보의 진실성을 판단하는 기준이 모호해졌다. 예전에는 뉴스 생산과 유통을 책임진 언론이 사회적 신뢰를 바탕으로 공적 진실을 구성하는 역할을 맡았으며, 뉴스의 진위는 언론사의 명성에 따라 판단되었다. "《○○신문》에서 읽었다"거나 "텔레비전 뉴스에서 보았다"는 말은 보도된 기사가 진실이라는 믿음을 전제하는 말이었다. 그러나 인터넷과 소셜미디어의 확산은 이러한 구조를 빠르게 해체했다. 일반 개인도 블로그, 유튜브, SNS 등을 통해 손쉽게 정보 생산자가 되고, 뉴스는 이제 언론을 거치지 않고도 대중에게 전달된다.

이런 변화는 정보의 접근성과 표현의 자유를 확대했지만, 역설적으로 정보의 신뢰성과 정확성에는 심각한 도전으로 다가왔다. 누구나 인터넷에서 원하는 정보를 검색해 자신만의 해답을 얻게 되니, 모든 사람이 자칭 전문가가 되면서 진짜 전문가에 대한 존중이 줄어들었다. 전문가와 비전문가의 경계가 흐려져 전문가의 발언에 권위가 없어지고, 내 의견과 다르면 편향적이라고 생각한다. 더욱이 알고리즘 기반의 콘텐츠 추천 시스템은 자극적이고 감정적인 콘텐츠를 우선 노출하는 경향이 있는데, 이는 가짜뉴스, 혐오 표현, 음모론이 급속도로 퍼지는 구조적 토대가 되었다. 포털과 소셜미디어를 통해 쏟아지는 정보의 홍수 속에 자기가 믿고 싶은 정보만을 선택적으로 소비하고, 확증편향confirmation bias이 강화하는 정보 생태계가 형성되었다.

이러한 흐름 속에서 전통 미디어는 점차 쇠퇴의 길로 접어들었다. 정보 독점이 해체되면서 기존 언론의 권위는 급속히 흔들리고, 과거의 광고 중심 수익 모델은 디지털 플랫폼에 자리를 내주었다. 네이버, 구글, 유튜브 같은 플랫폼 기업들이 콘텐츠의 유통과 수익을 장악하면서 전통 미디어는 생존 자체를 고민해야 하는 시대를 맞이한 것이다. 게다가 정치적 편향성 논란, 오보, 선정주의적 보도 등은 대중의 신뢰를 더욱 갉아먹었다.

# 3
# 진실은 내 감정에 달려 있다:
# 정치 양극화와 언론 신뢰도 하락

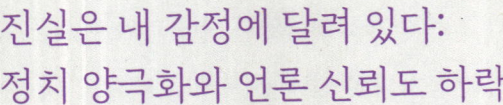

### 양극화라는 토양

미국의 메리엄-웹스터 사전은 2024년 '올해의 단어'로 '양극화polarization'를 선정하면서, 그 의미를 "뚜렷이 대조되는 두 개 대립으로의 분열"로 정의했다. 특히 "집단이나 사회의 의견, 신념, 이해관계가 연속선상에 배열되지 않고 양극단에 집중된 상태"가 양극화라고 했다.

이 단어는 그해 미국 언론이 자주 언급한 단골 용어였다. 폭스뉴스Fox News는 "이민 위기에 대한 밴스 부통령 후보의 토론 답변은 유권자 양극화를 보여주는 것"이라 했고, MSNBC는 "2024년 대선이 미국을 그 어느 때보다 더 양극화했다"라고 보도했으며, 《포브스》는 "직장에서 문화적 양극화 해소가 절실한 과제가 되었다"며 미국 대선 이후의 분열을 염려했다.

양극화는 정치·경제·사회·문화 등 여러 분야에서 나타나는 현상으로, 개인이나 집단의 견해 차이가 극단으로 벌어져 서로 타협하거나 협력하기 어려운 상태를 말한다. 날이 갈수록 부유한 사람과 가난한 사람의 격차가 커지는 가운데 나타나는 경제적 양극화는 이제 세계적 현상이 되었다. 사회문화적으로는 이민자와 성소수자, 종교, 인종 등에 관한 사람들의 의견이 첨예하게 갈라지면서 감정의 골이 깊어지고 있다.

양극화는 다양한 분야에서 나타날 수 있는데, 이 모든 것이 집합적으로 발현되는 곳은 정치 분야다. 정치야말로 다른 분야의 갈등이 총체적으로 집약되어 선명하게 드러나는 곳이기 때문이다. 따라서 가짜뉴스의 폐해가 가장 심한 분야라고 할 수 있다.

이념이 다른 정당들이 경쟁하는 민주주의 국가에서 어느 정도의 정치적 갈등은 당연한 일이다. 그러나 양극화라고 일컬을 만한 극단적 대립 양상은 비교적 최근에 나타난 현상이다. 미국에서 공화당과 민주당의 정치적 갈등은 냉전이 끝나고 인터넷 혁명이 시작된 1990년대 이후 증가해왔다. 그러나 '정치적 양극화'라는 말이 일상화한 계기는 도널드 트럼프가 "미국을 다시 위대하게 만들자MAGA"라는 구호를 내세우며 정치 전면에 나선 2016년 대선이라고 볼 수 있다. 백인 저소득층의 경제적 어려움과 엘리트 집단의 진보적 편향에 대한 불만을 충분히 활용한 트럼프의 선거 전략은 성공적이었지만, 선거 과정에서 남발된 수많은 혐오 발언과 가짜뉴스는 미국 유권자를 대립하는 두 집단으로 선명하게 갈라놓았다.

이제 미국은 지역적으로 공화당을 지지하는 '레드 스테이트'와 민주당을 지지하는 '블루 스테이트'로 분열되어, 불과 대여섯 개의 경합 주가 대선 결과를 결정하게 되었다. 이러한 분열과 대립 양상은 2020년과 2024년 대선을 거쳐 더욱 심화했으며, 마침내 메리엄-웹스터 사전이 양극화를 '올해의 단어'에 선정하기에 이른 것이다.

한국 사회의 양극화도 미국에 전혀 뒤지지 않는다. 1987년 민주화운동으로 대통령 직선제를 담은 헌법 개정이 이루어지면서 6공화국 시대가 열렸지만 사회적 갈등은 전혀 가라앉지 않았다. 노동계와 교육계를 비롯해 사회 각 분야에서 시위와 구호가 분출했으며, 모든 갈등이 정치권으로 홍수처럼 밀려들었다. 이처럼 그동안 막혀 있던 이념의 둑이 민주화로 무너지면서 이념 갈등이 격화했지만, 한국 정치를 대표한 이른바 '3김'(김대중, 김영삼, 김종필)의 리더십이 건재하던 2000년대 초반까지는 타협과 대화의 기운이 살아 있었다.

그러나 김대중 정부 이후 한국 정치는 진보에서 보수로 또는 보수에서 진보로 정권이 바뀔 때마다 극단적 양극화의 길로 치달았다는 평가를 받는다. 노무현 대통령은 국회에서 탄핵소추 당했다가 대통령직에 복귀했지만, 퇴임 후 검찰 수사를 받던 도중에 스스로 목숨을 끊었다. 이명박 대통령은 임기 초부터 광우병 사태로 곤욕을 치렀으며, 퇴임 후 검찰 수사를 받고 구속되었다. 박근혜 대통령은 임기 중 국정농단으로 탄핵당했고, 파면 후 구속되어 영어의 몸이 되었다. 가장 최근에는 윤석열 대통령이 12·3 계엄령 선포로 탄핵·파면되어 내란 등의 혐의로 재판을 받고 있다.

지난 20년간 한국 정치는 대화와 타협이 실종되고 법치를 빙자한 힘의 논리가 지배하면서 정치 양극화가 극에 다다른 상태라고 할 수 있다. 정치권의 극단적 대립은 시민사회 깊숙이 침투해 일반 시민까지 정치 양극화의 폐해를 경험한다. 명절 때면 모처럼 만난 가족이나 친척들이 정치적 견해 차이로 불화를 겪는다는 언론 보도가 심심치 않게 나온다. 심지어 젊은이들 사이에는 자신과 정치 성향이 다른 사람은 연애나 결혼 상대로 생각하지 않는다는 말까지 나돈다고 한다.

이는 정치 양극화가 단지 정치권만의 문제가 아니라 한국 사회 전반에 걸친 문제라는 사실을 시사한다. 정치 양극화가 심해지면 사람들의 심리 상태는 정치 성향이 다른 상대방을 정당한 경쟁자가 아니라 무조건 이겨야 할 적으로 규정하게 된다. 그래서 대통령선거를 비롯해 어떤 선거에서든 수단과 방법을 가리지 않고 상대방을 이기는 게 중요해지면서 점점 더 허위조작정보가 활개 치기 좋은 토양이 되고 있는 것이다.

### 언론은 왜 불신의 대상이 되었나

정치 양극화와 언론의 신뢰도 하락은 밀접한 관계가 있다. 민주화 이후 이념의 스펙트럼이 넓어지면서 한국 언론은 자기 색깔을 찾아갔는데, 이런 과정에서 특정 정당과 동일한 이념을 지향하는 이른바 '언론-정당 병행 관계'를 형성해왔다. 보수 매체는 보수 정당을, 진보 매체는 진보 정당을 지지하는 이러한 병행 관계는 매우 자연스러운 현상으로, 민주주의 선진국에서 흔히 볼 수 있다. 유럽에서는 이념이 비슷한 정당과 언론이 동지적 관계를 맺는 것이 일반적이며, 미국에서도《뉴욕타임스》, CNN, MSNBC 등은 민주당을 지지하고 공화당은 폭스뉴스의 전폭적인 지지를 받고 있다.

문제는 정치 양극화가 심해지면서 이런 병행 관계가 더욱 강해지고, 급기야 언론의 신뢰도 하락으로 이어진다는 데 있다. 민주화 이후 한국 사회는 정치와 시민사회 모두에서 이념적 분열이 깊어졌다. 진보와 보수 또는 좌파와 우파의 대립이 갈수록 첨예해지면서 중요한 정치적 사건이 일어날 때마다 도심은 숱한 집회와 시위로 몸살을 앓는다.

정치 양극화가 이렇게 심해지면 사람들은 자신의 정치 신념과 맞지 않는 언론을 편향적이라 느끼고 불신을 품게 된다. 2024년 한국언론진흥재단의 조사에서도 한국 언론의 가장 큰 문제로 '편파적 기사'가 '어뷰징 기사'와 함께 공동 1위에 꼽혔다. 사람들은 어떤 매체가 주요 정치 사안에서 자신의 신념과 다른 보도를 하면 기사의 객관성 여부와 상관없이 그 보도를 편향적이라고 여기는 경향이 있다.

미국 사회학자 폴 라자스펠드Paul F. Lazarsfeld와 그의 동료들은 1940년 미국 대선에서 유권자가 후보를 결정하는 과정을 분석했다. 그 결과, 유권자들이 기존의 정치 성향과 부합하는 정보에는 노출되고 그렇지 않은 정보는 회피하는 경향이 있다는 점을 발견하고 이를 '선택적 노출'이라 명명했다.[3] 이러한 현상은 나중에 사회심리학자 레온 페스팅거Leon Festinger가 제시한 인지부조화 이론을 통해 깔끔히 설명되었다.

인지부조화는 자신의 태도와 행동이 서로 모순되어 양립할 수 없다고 느끼는 불균형 상태를 말하는데, 사람들은 이런 불균형 상태를 해소하기 위해 자신의 생각이나 태도를 변화시켜 조화 상태를 유지하려 한다는 것이다. 이 논리에 따르면 극도의 정치 양극화 상태에서 사람들은 자신의 정치적 신념과 상반되는 정보를 접하면 인지부조화 상태를 겪고, 이를 해소하기 위해 그 정보를 가짜뉴스 또는 편파 보도로 간주하고 회피하게 된다. 결국 언론-정당의 병행 관계가 뚜렷한 현실에서는 정치 양극화가 심할수록 언론에 대한 신뢰도가 낮을 가능성이 크다.

2024년 영국의 로이터 저널리즘 연구소가 47개국을 대상으로 실시한 뉴스 신뢰도 조사에 따르면 "거의 항상 대부분의 뉴스를 신뢰한다"고 응답한 사람의 비율은 40퍼센트 정도였다.[4] 한국은 아시아-태평양 지역 11개국 가운데 가장 낮은 31퍼센트였다. 아르헨티나(30%), 프랑스(31%), 미국(32%) 등도 뉴스 신뢰도가 낮았는데, 조사팀은 이것이 해당 국가의 양극화 정도와 관련 있을 것으로 추정했다.

정리하면, 정치 양극화가 심하면 언론이 정치적으로 편향되어 있다고 느끼는 사람이 많아져 언론에 대한 신뢰도가 떨어진다. 그렇게 되면 사람들이 전통 미디어의 공식적인 뉴스보다 유튜브, SNS, 커뮤니티 등 비공식 채널에서 정보를 구하는 경우가 많아진다. 또한 정치 성향에 따라 자기가 믿고 싶은 정보만 받아들이는 확증편향이 강해지면서, 사실을 검증하려는 노력보다 '내 감정에 맞는 진실'을 추구하게 된다.

이런 분위기에서는 정보의 사실 여부보다 그것이 '내 진영에 유리한가'가 더 중요해진다. 한마디로 허위조작정보가 쉽게 만들어질 수 있는 토양이 마련되는 것이다. 그렇게 만들어진 허위조작정보는 역으로 정치 양극화를 심화하고, 정치 양극화는 다시 허위조작정보를 양산하는 악순환에 빠지게 된다.

# 4
# 가짜뉴스를 키운 혁신 기술:
# 소셜미디어와 인공지능

## 가짜는 왜 빨리 퍼질까

가짜와 진실을 식별하기 어려운 탈진실시대에 가짜뉴스는 단순한 오보나 루머 차원을 넘어 사회적 신뢰를 무너뜨리고 공론장을 파괴해 민주주의를 위태롭게 한다. 동서고금을 막론하고 가짜뉴스는 루머·헛소문·유언비어·지라시 등 다양한 이름으로 세상에 존재해왔지만, 양지에서 드러내놓고 말하기보다 귓속말로 은밀히 전해지던 것이었다.

그러나 지금은 누구든 소셜미디어에 어떤 정보를 올리면 바로 수백수천만 사람들에게 전달되는 인터넷 시대다. 소셜미디어 덕분에 우리는 단순한 수다부터 취미생활과 지구적 관심사에 이르기까지 세계 각지의 사람들과 대화를 나누고

정보를 주고받을 수 있다. 인류의 커뮤니케이션 역사에서 인쇄술의 발명 이후 최대의 혁신이라고 할 만하다.

그러나 동시에 소셜미디어는 가짜뉴스를 유포하는 데도 아주 유용하다. 소셜미디어는 인터넷을 기반으로 개인의 사회적 상호작용을 확장하기 위해 등장한 서비스 플랫폼이지만, 오늘날에는 가짜뉴스를 확산하는 고속도로가 되고 있다. 페이스북·트위터(엑스)·인스타그램 같은 플랫폼에서는 클릭 몇 번으로 정보 공유가 가능하며, 진실과 거짓을 구별하지 않는다. 오히려 감정적으로 자극적인 콘텐츠가 더 쉽게 사람들의 관심을 끌기 때문에, 진실보다 거짓정보가 더 빨리 퍼지는 역설이 가능하다. 익명의 어떤 사람이 허위조작정보를 그것이 거짓정보인 줄 모르는 다른 사람과 공유하고, 이를 공유받은 사람은 또 다른 사람과 공유하는 과정이 거듭되면서 허위조작정보는 기하급수적으로 확산한다.

실제로 2018년 미국 MIT 연구자들이 과학 저널 《사이언스》에 발표한 연구에 따르면, 가짜뉴스는 진짜 뉴스보다 훨씬 빠르고 널리 퍼진다.[5] MIT 연구팀은 트위터가 서비스를 시작한 2006년부터 2017년까지 300만 명이 450만 회 이상 유포한 12만 6000건의 기사를 진짜 뉴스와 가짜뉴스로 분류한 뒤, 진짜 뉴스 확산과 가짜뉴스 확산의 차이를 과학적으로 밝혀냈다. 연구 결과를 보면, 1500명에게 도달되는 속도는 가짜뉴스가 진짜 뉴스보다 6배 빨랐으며, 리트윗 수가 10이 될 때까지 걸린 시간은 가짜뉴스가 20배 빨랐다. 진짜 뉴스는 최대 1000명에게 도달하는 데 오랜 시간이 걸리는 반면, 가짜뉴스는 몇 시간 만에 수만 명에게 도달했다. 특히 정치 관련 가짜뉴스가 자연재해, 금융, 테러 등 다른 분야의 가짜뉴스보다 훨씬 더 빠르고 깊이 확산하는 현상도 발견했다.

소셜미디어가 가짜뉴스를 빠르고 깊이 확산시킨다는 연구 결과는 소셜미디어의 기술적 특성에서 비롯되었지만, 소셜미디어 사용자들의 커뮤니케이션 환경과 관련해서도 시사하는 바가 있다. 현실 세계의 실제 사람들과 어울리기보다 소셜미디어에서 더 많은 시간을 보내면, 나와 생각이나 의견이 다른 사람과 사회적으로 연결될 기회가 줄어든다. 이렇게 되면 내 생각과 다른 정보를 접할 기회도 적어지고, 나만의 생각에 고착되어 나와 생각이 다른 사람들을 적대시할 가능성이 커진다. 다음에 다룰 필터 버블과 에코 체임버는 바로 이러한 문제에 관한 것이다.

### 정보의 울타리, 의견의 울타리

소셜미디어를 이용해본 사람이라면 한 번쯤 궁금했을 것이다. 어쩌면 이렇게 내 관심을 끌 만한 콘텐츠들이 착착 화면에 나타나는 걸까? 짐작하다시피 그 대답은 알고리즘 때문이다. 소셜미디어의 알고리즘은 사용자의 행동 데이터를 분석해, 그 사람이 가장 흥미롭게 여길 콘텐츠를 우선 노출하는 자동화한 시스템이다.

소셜미디어는 이렇듯 사용자 관심에 맞춤한 정보를 선별적으로 제공해 '필터 버블filter bubble'을 생성한다. 필터 버블은 인터넷 활동가 일라이 패리저Eli Pariser가 만든 용어로, 내가 믿고 좋아하는 것을 뒷받침하는 정보만 듣거나 보는 일종의 지적 고립 상태를 뜻한다. 인터넷 이용자가 자신의 검색 결과를 바탕으로 알고리즘이 추천하는 정보에 거듭 노출되면, 관점이 다른 정보와는 격리되어 자신만의 문화적· 이념적 거품에 갇히게 된다. 이렇게 필터 버블에 갇히면 보고 싶은 것만 보고 듣고 싶은 것만 듣고자 하는 확증편향 심리가 강해져 잘못된 정보를 더욱 믿게 된다.

필터 버블과 관련된 개념으로 '메아리 방'이라는 뜻의 '에코 체임버echo chamber'가 있다. 에코 체임버는 특수 재료로

벽을 만들어 소리가 밖으로 나가지 않고 메아리처럼 울리는 반향실을 말한다. 여기서는 '자신과 관점이 같은 정보나 의견만 접하게 되는 환경'을 비유적으로 표현한 말이다. 필터 버블이 알고리즘 기술로 만든 정보의 울타리라면, 에코 체임버는 사람이 자발적으로 형성한 의견의 울타리다.

소셜미디어를 통한 소통이 보편화한 오늘날, 우리는 너나 할 것 없이 생각이 비슷한 사람들과 어울리는 '유유상종의 소통'을 하고 있다. 시시각각 쏟아지는 엄청난 정보의 홍수 속에서 나를 불쾌하게 하는 정보에는 신경 쓰고 싶지 않다. 생각이 다른 사람과 굳이 대화할 필요성을 느끼지 못한다. 그럴 시간도 없다. 자연히 소셜미디어에서는 정치 성향이나 생각이 비슷한 사람들끼리 어울리게 된다. 유튜브나 웹사이트에서 내 마음에 드는 기사나 동영상을 발견하면 당장 소셜미디어 친구들과 공유한다. 친구들이 올리는 기사나 동영상에 '좋아요'를 누르며 눈길을 준다. 21세기 디지털 시대를 사는 우리의 모습이다.

소셜미디어에서 생각이 같은 사람들과 소통하고 자신의 성향에 맞는 정보에 반복적으로 노출되면 기존의 신념이 강화·증폭한다. 알고리즘이 제공하는 맞춤 정보는 필터 버

소셜미디어의 알고리즘은 사용자의 행동 데이터를 분석해 가장 흥미롭게 여길 콘텐츠를 우선 노출하는 자동화한 시스템이다. 알고리즘이 추천한 정보 속에서 사용자는 관점이 다른 정보와 격리되는 '필터 버블', 소리가 밖으로 나가지 않고 메아리처럼 울리는 '에코 체임버'에 갇히게 된다.

블을 생성하고, 그 안에 갇혀 생각이 비슷한 사람들과 교류하면 에코 체임버가 강화한다. 필터 버블은 에코 체임버 형성을 돕고, 에코 체임버는 필터 버블을 강화하는 이 과정에서 사람들은 자신과 의견이 다른 정보에는 점점 덜 노출되며, 기존의 신념과 태도는 강화하고 증폭한다.

그 결과 '집단 극화'가 나타난다. 집단 극화란 집단 구성원들의 신념과 태도가 소통 과정을 거치며 특정 방향으로 더욱 강해지는 현상을 말한다. 이는 소셜미디어나 온라인의 많은 토론방에서 쉽게 찾아볼 수 있는데, 사회 전체의 집합적 차원에서는 정치 양극화로 인한 진영 대결로 나타난다.

### 최신 공장의 등장

한국에서 일반 대중이 인공지능을 피부로 느끼게 된 계기는 아마도 2016년 구글 딥마인드의 알파고가 천재 바둑기사 이세돌을 4승 1패로 이긴 사건이 아닐까 한다. 물론 그 전에도 1997년에 IBM의 인공지능 딥블루가 세계 체스 챔피언을 이긴 적이 있고, 2011년에는 인공지능 왓슨이 미국의 유명 퀴즈 프로그램 〈제퍼디〉의 우승자를 이긴 적이 있다. 그러나 체스나 퀴즈보다 훨씬 복잡하고 난해한 바둑에서 인공지능이 당대 최고의 기사를 이겼다는 소식은 많은 사람에게 놀라움을 안겼다.

그 후 2022년, 오픈AI가 생성형 인공지능 챗봇인 챗지피티ChatGPT를 공개하자 세계는 그야말로 충격에 빠졌다. 그동안 AI가 바둑과 같은 특정 분야에서 뛰어난 실력을 발휘한다는 것은 알았지만, 챗GPT는 인간과 같은 대화체로 다양한 분야의 질문에 전문가적 답변을 제공하기 때문이다. 오픈AI는 2018년 대형언어모델 GPT1을 개발한 뒤 꾸준히 업그레이드해왔는데, 챗GPT는 GPT3.5를 기반으로 했다. 챗GPT의 등장으로 생성형 AI의 대중화가 시작되면서 세계적으로 AI 붐이 일었고, 관련 산업에 엄청난 금액이 투자되었다. 2023년에는 GPT4가 출시되고 클로드Claude, 바드Bard 같은 경쟁 모델이 출현했다.

최근 몇 년 동안 급속히 발달한 생성형 AI는 텍스트와 함께 이미지까지 처리할 수 있는 모델로, 자연어 생성, 이미지·영상 합성, 음성 복제 등 콘텐츠 생산의 자동화가 가능해졌다. GPT4의 경우 이미지와 텍스트를 입력할 수 있는 멀티모드 모델이다. 특이한 이미지로 유머를 설명하고, 스크린샷의 텍스트를 요약하며, 다이어그램이 포함된 시험 문제에 답할 수 있다고 한다.

그러나 이처럼 다재다능한 인공지능의 능력은 오용될 위험도 있다. 2023년 독일에서는 포뮬러원F1의 전설 미하엘 슈마허Michael Schumacher의 허구 인터뷰를 제작·게재한 주간지 편집장이 해임되는 사건이 있었다. 10년 전 스키장에서 머리를 부딪치는 사고로 모든 활동을 중단하고 치료에 전념하던 슈마허는 사고 트라우마로 그동안 인터뷰를 한 적이 없는데, 단독 인터뷰를 진행한 것처럼 기사가 나온 것이다. 그러나 슈마허는 이 인터뷰에 응한 적이 없었으며, 해당 매체가 대화형 인공지능 사이트에서 챗봇과 대화를 진행한 뒤 기사로 구성한 사실이 나중에 밝혀졌다.

소셜미디어가 가짜뉴스의 고속도로라면, 인공지능은 이제 허위조작정보의 최신 공장이라 할 만하다. 인간이 일일이 손대지 않아도 클릭을 유도하는 제목, 조작된 이미지, 허위 인터뷰까지 손쉽게 만들어내기 때문이다. 2024년 오픈AI가 출시한 소라Sora는 텍스트를 비디오로 생성하는 인공지능 모델로, 사용자가 입력한 텍스트를 기반으로 최대 1분 길이의 고화질 영상을 생성할 수 있다고 한다. 생성형 AI와 딥러닝의 발전으로 딥페이크 기술이 고도화하면서 진짜 같은 가짜 영상을 만드는 것도 가능해져 진위 판별을 어렵게 만든다.

딥페이크 기술로 제작된 이미지나 비디오는 현실과 허구의 경계를 흐릿하게 만들어 진실과 날조를 구분하기 어렵게 한다. 바로 이런 이유에서 메리엄-웹스터 사전은 '진실한authentic'을 2023년 '올해의 단어'로 선정했다. 물론 메리엄-웹스터 사전의 결정이 단순히 인공지능 때문만은 아니다. 그러나 인공지능의 등장이 딥페이크 비디오, 배우의 계약 문제, 학계의 표절 문제 등 당시 많은 주제에 큰 충격을 안기면서 진실성이 AI 시대의 핵심 이슈가 된 것은 사실이다.

무엇보다 정치와 관련해 딥페이크가 악용되면 허위조작 정보를 유포하고, 여론을 조작하며, 사회적 불화를 조장할 우려가 있다. 가짜뉴스가 소셜미디어를 통해 급속히 확산하는 현실에서 딥페이크의 위험에 대한 경각심은 그 어느 때보다 커졌다고 할 수 있다.

인공지능은 콘텐츠의 생성뿐 아니라 유포에도 적극적으로 활용된다. 소셜미디어와 인공지능이 결합하면 가짜뉴스를 더 빠르고 설득력 있게, 그리고 더 많은 사람에게 확산할 수 있어 파괴력이 배가된다. 소셜미디어와 상호작용하는 자동화한 프로그램이라고 할 수 있는 소셜 봇social bot은 수백 개의 계정을 동시에 운영하며 가짜뉴스를 반복적으로 퍼뜨리고, 특정 정치적 이슈와 관련한 여론을 조작하는 데 악용될 수 있다. 이 과정에서 인공지능은 사용자의 심리, 관심사, 검색 패턴 등을 분석해 개인 맞춤형 허위정보를 정교하게 노출한다. 즉 사용자의 인지적 약점을 공략한 마이크로타기팅microtargeting이 가능해진 것이다.

일례로 2016년 미국 대선에서 러시아 정부와 연계된 트롤 팜troll farm이 AI 기반 봇과 소셜미디어를 활용해 미국 유권자에게 허위정보를 유포한 사건을 들 수 있다. 트롤 팜은 가짜 계정을 조직적으로 운영해 여론을 조작하는 정보작전 조직을 말한다.

러시아의 트롤 팜 IRA는 AI 알고리즘을 활용해 미국 유권자의 소셜미디어 활동, 관심사, 인종, 정치 성향 등을 분석했다. 그리고 자동화한 소셜 봇이 트위터, 페이스북, 인스타그램 등 소셜미디어에서 자동으로 게시물을 작성하고, 댓글을 달고, 리트윗하고, '좋아요'를 누르고, DM을 전송했다. 또 흑인 같은 특정 유권자 집단에게는 맞춤형 허위 콘텐츠를 제공하기도 했다. 요컨대 소셜미디어와 인공지능 기술이 발달하면서 우리가 사는 이 세상은 진짜 같은 가짜 콘텐츠를 만들고 퍼뜨리는 일이 과거와는 견줄 수 없을 만큼 쉬운 세상이 되고 말았다.

# 5
# 우리 뇌는 왜 속는가:
# 가짜는 쉽다

## 믿고 싶은 것을 믿기 위해: 확증편향과 동기적 추론

21세기 디지털 시대에 가짜뉴스는 선거 같은 정치과정뿐 아니라 경제와 공중 보건 문제에 이르기까지 다양한 분야에서 영향력을 행사하고 있다. 그렇다면 가짜뉴스의 힘은 어디에서 나올까? 많은 사람이 그것을 진실이라고 믿는 데서 나온다. 심지어 진실이라고 믿은 정보가 거짓으로 밝혀진 뒤에도 그 사실을 쉽게 받아들이지 않는 사람이 많다.

가짜뉴스를 믿은 사람들 가운데 자기가 어리석다고 생각하는 사람은 별로 없다. 그들 가운데 많은 사람이 스스로 똑똑하다고 생각하며, 실제로 그들 중 일부는 사회적으로 매우 똑똑하다고 인정받은 사람들이다. 그러나 가짜뉴스를 믿는 사람이 특별히 따로 있는 것은 아니다. 스스로 합리적이라고 생각하는 우리 모두 가짜뉴스 신봉자가 될 가능성은 열려 있다. 왜 그럴까? 사람들은 왜 가짜뉴스를 믿을까?

우리는 인간이 이성적인 존재라고 믿지만, 정보를 처리하고 해석하는 과정에서 언제나 합리적이지는 않다. 인류가 진화하는 과정에서 우리 뇌에 인지적 편향이 깊숙이 뿌리내려 있기 때문이다.

심리학 분야에서는 인간이 우리가 생각하는 만큼 이성적이지 않다는 것을 보여주는 많은 연구가 나왔는데, 그 가운데 가짜뉴스와 관련해 가장 많이 언급되는 것이 '확증편향'이다. 1960년 영국의 인지심리학자 피터 웨이슨Peter Wason이 처음 만든 이 용어는 사람들이 자신의 기존 신념이나 판단에 부합하는 정보에만 주목하고, 그렇지 않은 정보는 무시하는 인지적 편향을 뜻한다. 자신의 신념을 뒷받침하는 허위정보를 접했을 때 진위를 따지지 않고 받아들인다면 이는 확증편향이 작용한 결과라고 볼 수 있다.

확증편향은 앞서 설명한 인지부조화 이론과 관련이 있다. 인지부조화 이론은 인간이 신념과 태도와 행동 사이에 조화를 추구하며, 그 사이의 균형이 깨졌을 때 심리적 불편함을 느낀다고 가정한다. 따라서 자기 신념과 일치하지 않는 정보를 접하면 심리적으로 불편해지며, 이런 부조화 상태를 해소하기 위해 입맛에 맞는 정보만 선호하고 반대 정보는 애써 무시하는 것이다.

폴 라자스펠드 등이 1940년 미국 대선에서 관찰한 '선택적 노출'은 바로 이런 심리 상태의 결과다. 이를테면 좌우 진영 대결이 극심한 한국에서 우파 성향의 유권자는 우파 성향의 신문(예컨대 《조선일보》)을 읽고, 좌파 성향의 유권자는 좌파 성향의 신문(예컨대 《한겨레》)을 읽는다. 자신의 정치 성향과 부합하는 매체를 선호하고 반대되는 매체를 외면하는 이런 선택적 노출은 확증편향과 동전의 양면을 이룬다.

심리학자 엘리엇 애런슨Elliot Aronson은 인지부조화 이론에서 가정하는 인간은 합리적rational 동물이 아니라 합리화하는rationalizing 동물이라고 했다. 인간은 다른 사람과 자신 모두에게 합리적으로 보이려 한다는 것이다. 자기 자신에게까지 합리적으로 보이려는 이 본능이 자신의 신념과 상반되는 정보를 받아들이기 어렵게 만든다.

따라서 확증편향에 사로잡히면 자신의 믿음에 오류가 있다는 사실이 객관적 자료와 함께 제시되어도 인정하지 않는 경향을 띤다. 12·3 비상계엄을 선포한 구실 가운데 하나였던 부정선거 음모론을 믿는 사람 중에는 대법원 판결문을 비롯해 어떤 객관적 증거든 불신하는 이들이 있다. 이처럼 자신의 믿음을 확신해 객관적 사실조차 불신하고 폄하하는 태도가 만연하면 자칫 집단 양극화로 나아갈 수 있다.

실제로 스탠퍼드대학의 찰스 로드Charles Lord와 동료들은 복잡한 사회문제에 대해 강한 의견을 지닌 사람들이 자신의 신념과 일치하는 정보는 받아들이고 상반되는 정보는 비판적으로 평가하는 경향이 있음을 발견했다.[6] 찰스 로드 팀은 사형제도에 강하게 찬성 또는 반대하는 대학생들을 사형제도의 범죄 억제 효과를 다룬 두 가지 연구에 노출시켰는데, 하나는 실험 참가자들의 기존 신념과 일치하는 연구이고 다른 하나는 반대되는 연구였다.

실험 결과를 보면 사형제도에 찬성 또는 반대하는 참가자들 모두 자신의 기존 신념과 일치하는 연구를 더 설득력 있고 믿을 수 있는 연구라고 평가했다. 반면 기존 신념과 반대되는 연구는 방법론적 결함이나 신뢰성 부족을 지적하며 평가절하했다. 실험이 진행되면서 실험 참가자들은 새로운 정보를 접한 뒤에도 자신의 견해를 더욱 강화하는 극화 현상을 보였다. 이러한 연구 결과는 사회적으로 논쟁적인 사안에서 확증편향이 사회적 양극화를 심화하는 원인이 될 수 있음을 시사한다.

한편 확증편향과 관련된 개념으로 동기적 추론motivated reasoning이 있다. 자기 신념을 뒷받침하는 증거를 찾는다는 것은 자신의 신념이 옳다는 것을 방어하려는 동기가 있을 때이므로 확증편향은 동기적 추론과 직접 관련이 있다. 동기적 추론은 일종의 아전인수격 추론이라고 할 수 있는데, 사람의 생각이 객관적인 증거나 논리보다 욕망·감정·신념에 의해 더 추동되는 심리적 현상을 말한다.

동기적 추론을 하는 사람은 사실을 중립적 의치에서 평가하지 않고, 자기가 믿고 싶은 바를 뒷받침하는 정보를 선택적으로 수집·해석·평가한다. 앞서 언급한 찰스 로드 등의 연구는 이러한 동기적 추론을 실증적으로 보여준다. 똑같은 자료를 제공하더라도 자기가 처음에 믿고 있던 바에 맞춰 자료를 해석하는 것은 전형적인 동기적 추론의 결과다.

말하자면 동기적 추론을 하는 사람은 진실을 찾기 위해서가 아니라 자기가 진실이라 믿고 싶은 것을 믿기 위해 추론하는 것이다. 따라서 이런 사람은 기존 신념어 부합하는 허위조작정보에 노출될 경우 별다른 사실 확인 없이 쉽게 받아들일 가능성이 크다. 실제로 동기적 추론에 빠지면 자신의 신념과 반대되는 의견을 충분히 검토하지 않은 채 성급히 결론을 내린다는 연구 결과가 보고된 바 있다.

### 누구나 지름길을 선호한다: 인지 구두쇠와 휴리스틱

인간의 특성을 보여주는 심리학의 명언 가운데 하나가 "인간은 인지적 구두쇠cognitive miser"라는 표현이다. 사람들이 인지 과정에서 굳이 복잡하거나 노력이 많이 드는 방법을 찾기보다는 쉽고 간단한 방법을 택하는 경향을 말한다. 흔히 인간의 인지적 자원은 제한되어 있다고 한다. 뇌에 무한정으로 정보를 저장하고 활용할 수 없기 때문에 사람들은 마치 구두쇠가 돈을 아끼듯 인지적 노력에 인색한 성향이 있다는 뜻이다. 실제로 어떤 문제를 해결하거나 생각할 때, 사람들은 복잡하고 힘든 방법보다 간단하고 쉬운 방법을 선호한다.

정보가 넘쳐나는 현대 세계에서 인간의 뇌는 종종 비판적 사고에 깊이 몰두하기보다는 순간적 판단과 신속한 결정에 의지한다. 이것이 사람들로 하여금 사실 확인이나 정보 검중에 시간을 쓰지 않고 허위조작정보를 그대로 받아들이는 위험으로 내몰 수 있다.

인지적 구두쇠인 우리는 세상을 이해하기 위해 일종의 정신적 지름길이라 할 수 있는 휴리스틱에 의존한다. 휴리스틱은 우리말로 '발견법'이라 번역되기도 하지만, 본래 의미가 잘 살아나지 않아 영어 그대로 사용하는 경우가 많다.

휴리스틱은 문제 해결이나 의사 결정에서 빠른 판단을 내리는 데 사용하는 정보나 규칙이라 할 수 있으며, 우리는 이를 지표 삼아 정보를 훨씬 쉽게 분석할 수 있다. 예를 들어 처음 만난 동양인이 생선초밥을 즐기는 모습을 보고 일본인이라고 추측한다면, 이는 생선초밥이 일본 음식이라는 휴리스틱이 작용한 것이다. 이처럼 휴리스틱은 우리가 살아가면서 머리 싸매고 고민하지 않아도 쉽게 판단하고 결정할 수 있게 돕는 긍정적 기능을 한다.

바둑 격언에 "장고 끝에 악수 둔다"라는 말이 있듯이, 많이 생각하고 고민한다고 해서 항상 올바른 결정을 내리는 것은 아니다. 역으로 휴리스틱에 의한 빠른 판단이 반드시 그릇된 결과를 낳는 것도 아니다. 어쩌면 휴리스틱은 인간의 삶에서 필요불가결하다고 봐야 한다. 문제는 논리적이거나 과학적이지 않은 휴리스틱 탓에 얼마든지 잘못된 판단을 내릴 수 있다는 점이다.

실물을 직접 대하는 오프라인 세계에서와 달리 온라인 세계에서는 휴리스틱이 몹시 제한적이다. 이처럼 제한된 휴리스틱에 의존하는 상황이 허위정보를 쉽게 믿도록 만든다. 예를 들어 소셜미디어에서 아는 사람이 게시물을 올리거나 공유했을 경우, 그 콘텐츠의 신뢰도를 판단하는 데는 그 사람이 일종의 휴리스틱으로 작용할 수 있다. 우리는 콘텐츠를 올린 사람이 신뢰할 수 있는 사람이면 그가 올린 콘텐츠도 쉽게 믿는 경향이 있다.

그러나 그 사람을 믿는 것과 그가 올린 콘텐츠를 신뢰하는 것은 완전히 별개의 문제다. 마찬가지로 소셜미디어의 각종 기사나 콘텐츠의 조회 수, 댓글, '좋아요' 수 등도 사용자들의 판단과 결정에 영향을 주는 휴리스틱이 될 수 있다. 그러나 조회 수와 '좋아요' 수가 많아도 가짜뉴스를 진짜로 만들지는 못한다.

이 문제와 관련된 심리학 개념으로 '이중처리' 또는 '이중과정dual process'이 있다. 이중과정 이론에 따르면 인간의 사고는 두 가지 경로로 일어난다. 하나는 암묵적·무의식적·

소셜미디어에서 조회 수, 댓글, '좋아요' 수 등은 사용자들의 판단과 결정에 영향을 주는 휴리스틱이 될 수 있다. 우리는 자기가 신뢰할 수 있는 사람이면 그가 올린 콘텐츠까지 쉽게 믿는 경향이 있다. 그러나 그 사람을 믿는 것과 그가 올린 콘텐츠를 신뢰하는 것은 완전히 별개의 문제다.

직관적 경로이고, 다른 하나는 명시적·의식적이며 정교한 경로다. 전자는 노력이 거의 필요하지 않은 자동 프로세스이고, 후자는 많은 노력이 필요한 분석 프로서스다.

인간은 인지적 구두쇠이므로 가짜뉴스를 접한 뇌의 일차적 반응은 첫 번째 경로의 사고방식이 작동해 가짜뉴스를 사실로 받아들이는 것이다. 그것이 사실인지 아닌지 판단하는 두 번째 경로의 분석 과정은 시간과 노력을 요구한다. 그러나 시간과 노력이 부족하거나 결정적인 증거가 없다면, 우리는 무의식적으로 받아들인 가짜뉴스를 내치는 데 실패하고 만다. 팩트체킹에 시간과 노력을 들이지 않으면 안 되는 이유다.

### 듣다 보면 진실 같은: 반복 노출과 환상적 진실 효과

거짓말이라도 수없이 반복해 듣다 보면 그것이 사실인 양 착각에 빠지는 경우가 있다. 실제로 우리 뇌는 거짓말에 압도되면 뇌가 빠르게 과부하에 걸려 그것을 면밀히 조사하려는 노력을 중단한다고 한다. 가짜뉴스라도 반복적으로 노출되면 판단이 흐려져서 허위라는 인식이 사라지고, 나중에는 우리 머리에 진짜인 양 남게 된다.

2020년 미국 대선에서 패배한 트럼프는 투·개표 과정에 부정이 있었다는 주장을 끊임없이 반복했다. 이 주장은 법무부와 국토안보부를 비롯한 여러 기관의 검증을 거쳐 전혀 근거가 없다는 사실이 밝혀졌다. 그런데도 상당수 미국인이 트럼프의 주장을 사실로 받아들였다. 2022년 11월 중

간선거를 앞두고 미국의 시사주간지 《뉴스위크Newsweek》가 의뢰한 여론조사에 따르면 "조 바이든 대통령이 승리한 2020년 대통령선거가 조작되었거나 도둑질당했다"는 의견에 24퍼센트가 "매우 동의한다", 16퍼센트가 "동의한다"고 응답해, 전체의 40퍼센트가 선거 부정을 믿는 것으로 조사되었다.[7]

히틀러가 지배하던 나치 독일에서 선전상을 지낸 요제프 괴벨스는 악명 높은 대중 조작자였다. 그는 대중을 조종하기 위해 허위정보와 반쪽짜리 진실을 퍼뜨려 대중을 혼란에 빠뜨리고 공포를 조장했는데, 이때 그는 반복과 물량의 힘을 이해하고 있었다. 괴벨스는 신문, 라디오 방송, 공공 연설 등을 통해 선전 메시지들을 끊임없이 폭격함으로써 자신의 내러티브를 강화했고, 이는 시간이 흐르면서 대중의 생각까지 바꿔놓았다. 그가 사용한 '큰 거짓말big lie' 선전 기법은 뻔한 거짓말도 충분히 거듭되면 마침내 진실로 받아들여진다고 본다. 실제로 나치는 말도 안 되는 거짓말과 음모론을 반복함으로써 대중의 생각을 자신들에게 유리한 방향으로 조종하고 현실을 왜곡했다.

허위정보에 반복적으로 노출되면 그것을 믿게 되는 이러

한 현상을 어떻게 설명할 수 있을까.

'환상적 진실 효과illusory truth effect'라는 심리학적 개념이 하나의 단서를 제공한다. 이는 실제 타당성과 관계없이 반복적으로 노출된 정보를 진실이라고 믿게 되는 인지적 편향을 말한다. 즉 잘못된 정보라도 많이 듣거나 보게 되면 그 정보에 익숙해지고, 우리 뇌는 이러한 익숙함을 진실이라고 착각하는 것이다.

'인지 유창성fluency'은 어떤 정보의 처리가 얼마나 쉬운지 또는 어려운지에 대한 주관적 지각을 나타내는 개념이다. 사람들은 무언가를 유창하게, 말하자면 쉽게 처리할 수 있는 경우 그것을 사실이라고 믿을 가능성이 더 크다고 한다. 이것이 바로 반복이 그토록 강력한 이유다. 이전에 들어본 적이 있으면 인지적으로 더 쉽게 처리하고, 따라서 믿을 가능성이 더 커진다. 여러 번 반복하면 효과가 더 커지는 것이다.

이러한 반복 노출의 효과는 실험 연구에서 입증된 바 있다. 예일대학교의 고든 페니쿡Gordon Pennycook과 동료들은 실험 참가자들에게 가짜뉴스를 보여주고 얼마나 정확하다고 생각하는지 물어보았다.[8] 가짜뉴스를 한 번 보았는지 아니면 반복해서 보았는지에 따라 대답이 다른지를 알아보려 한 것이다. 연구 결과를 보면, "지구는 정사각형이다"처럼 정말 말이 안 되는 주장은 반복 노출의 효과가 없었지만, 조금이라도 그럴싸한 가짜뉴스는 한 번 더 보여주는 것만으로도 믿는 정도를 유의미하게 끌어 올렸다. 이런 '환상적 진실 효과'는 일주일이 지난 후에도 여전했으며, 심지어 팩트체크 결과 사실이 아닌 것으로 드러났다는 문구가 붙은 경우에마저 발생했다.

사실이 아니라는 증거를 제시해도 가짜뉴스에 대한 믿음을 거두지 않는 이유는 그만큼 반복 노출의 힘이 크기 때문이다. 문제는 어떤 종류의 반복도, 심지어 잘못된 주장을 부정하기 위한 반복이더라도, 반복될수록 더 친숙하고 유창해져 그 주장을 기정사실로 받아들이게 된다는 점이다.

미국과 마찬가지로 우리나라에도 이른바 부정선거 음모론을 믿는 사람들이 많다. 이런 사람에게 부정선거는 없었다고 말하거나, 전국 단위의 체계적인 선거 부정이 없었다는 증거로 설득하려 해도 결과는 크게 달라지지 않는다. 시간이 지나고 나면 다른 말은 모두 사라지고 머릿속에 '부정선거'라는 말만 남기 때문이다. 언론이 부정선거 음모론은 사실이 아니라고 보도해도 음모론을 믿는 사람들에게는 크게 효과가 없으며, 오히려 다른 근거를 제시하게 만들어 부정선거에 대한 믿음을 강화하는 역설적인 결과가 나오는 이유다.

### 혼자만 반대로 갈 수 있는가: 집단 동조와 사회적 증거

사람들이 가짜뉴스를 믿는 데는 주변 사람들의 영향도 작용한다. 친구, 가족, 동료 등 가까운 사람들이 허위정보를 믿고 공유하면 우리도 그것을 믿게 될 가능성이 있다. 사람들은 자신의 신념 안에서 인지적 조화를 찾는 것과 마찬가지로, 주변 사람들의 신념과도 조화를 이루길 바란다. 그래서 때로는 내 신념이 주변 사람들과 조화를 이루지 않는다고 생각하면 내가 보고 들은 증거조차 평가절하할 수 있다. 인간은 혼자만의 생각이나 신념으로 사는 고립된 존재가 아니라 다른 사람과 상호작용하는 사회적 존재이기 때문이다.

미국의 심리학자 솔로몬 애쉬Solomon Asch는 심리학 역사상 가장 유명한 실험 중 하나로 꼽히는 집단 동조 실험을 통해 집단의 압력이 사람들의 의견과 지각마저 바꿀 수 있다는 사실을 입증했다. 애쉬는 대학생으로 구성된 123명의 실험 참가자를 7~9명으로 구성된 실험집단에 배치했다. 이 실험집단에서 진짜 실험 대상자는 테이블 마지막에 앉힌 참가자 1명이었고, 나머지 6~8명은 연구자와 공모한 협력자였다. 실험 참가자들에게는 카드 2장을 보여주었는데, 한 장에는 직선이 하나 그려져 있고 다른 한 장에는 앞에 보여준 카드의 직선을 포함해 3개의 직선이 그려져 있었다. 직선 3개의 길이는 매우 달라서 첫눈에도 어느 선이 첫 번째 카드의 직선 길이와 같은지 알아볼 수 있을 정도였다.

그런 다음 참가자들에게 두 번째 카드의 어느 직선이 첫 번째 카드의 직선과 길이가 같은지 묻고 큰 소리로 답하게 했다. 처음 몇 차례 실험까지는 협력자들이 먼저 정확하게 답했고, 당연히 마지막의 실험 참가자도 정확하게 답했다. 그러나 얼마 후 협력자들이 선의 길이가 다른 명백한 오답을 말하자, 진짜 실험 대상자는 믿을 수 없다는 표정으로 혼란에 빠졌다. 결과는 놀라웠다. 전체 실험 대상자의 약 75퍼센트가 적어도 한 번은 자신의 판단과 다른 협력자들의 오답에 동조한 것이다.

애쉬의 집단 동조 실험은 인간이 본능적으로 고립을 두려워하며 집단의 압력에 순응하는 성향이 있음을 보여준다.

이는 패션이나 패드fad와 같은 유행이 일어나는 이유이기도 하다. 다른 사람들의 시선을 무시하고 나만의 독특한 패션을 고집하는 것은 어지간히 개성 강한 사람이 아니고서는 쉬운 일이 아니다.

집단 동조는 우리가 공동체를 이루고 다른 사람들과 조화롭게 살아가는 데 도움이 될 수 있지만, 가짜뉴스 문제와 관련해서는 자칫 잘못된 정보를 무비판적으로 수용하고 확산하는 원인이 될 수 있다. 애쉬의 실험에서 보듯이 주변 사람들이 모두 사실이라고 말하는 것을 나 혼자 사실이 아니라고 말하기가 쉽지 않기 때문이다. 특히 생각이 비슷한 사람끼리 유유상종의 소통을 즐기는 소셜미디어에서 집단 동조는 더욱 활성화할 수 있다. 소셜미디어가 제공하는 에코 체임버에서 다른 사람들이 공유한 가짜뉴스를 나도 공유하는 것은 일종의 집단 동조가 무의식적으로 작용한 결과라고 할 수 있다.

집단 동조가 개인의 행동에 대한 사회적 영향의 일면을 보여준다면, 비슷한 개념으로 심리학자 로버트 치알디니Robert Cialdini가 명명한 '사회적 증거social proof'가 있다. '사회적 증명'으로도 번역되는 이 개념은 특정 상황에서 알맞은 행동을 보이고자 할 때 다른 사람들의 행동을 따라 하는 심리적 현상을 가리킨다. 말하자면 남들이 하니까 나도 한다는 식이다. 우리는 불확실한 상황에 놓이면 대개 다른 사람들을 관찰해 어떻게 행동할지 학습한다. 맛집을 찾을 때 입구에 사람들이 늘어선 식당을 찾고, 물건을 구매할 때 다른 사람들이 남긴 상품평을 참고하는 이유다.

이러한 원리는 페이스북을 비롯한 소셜미디어에서 적극적으로 활용된다. 소셜미디어에서 흔히 보는 팔로워 수, 조회 수, '좋아요' 수, 댓글 등은 사용자들의 메시지 인식에 큰 영향을 미친다. 어떤 사람이 공유한 허위정보가 높은 조회 수를 기록하고 '좋아요'와 같은 반응이 많다면, 이는 다른 사람에게 충분한 '사회적 증거'가 된다. 그 정보의 진위를 확인하지도 않고 다른 사람과 공유하는 사람이 많아지면, 이는 일종의 눈덩이 효과를 불러와 허위정보가 사회적 네트워크를 통해 급속히 퍼져나가는 계기가 된다.

### 의심은 비용이 든다: 진실 기본값 원칙

우리는 상대방이 나를 속인다는 의심을 품을 만한 이유가 없는 한은 상대방의 말을 그대로 믿고 대화한다. 이처럼 커뮤니케이션 상황에서 다른 사람이 진실을 말한다고 가정하는 심리적 성향을 '진실 기본값truth-default'이라고 한다. 이는 커뮤니케이션 학자 티머시 러바인Timothy Levine의 진실 기본값 이론에서 나온 개념이다.

인간은 타인과 커뮤니케이션을 할 때 진위와 상관없이 상대방의 말을 믿고 보는 '진실 편향'이 있기 때문에 커뮤니케이션은 원칙적으로 진실 기본값 상태에서 발생한다. 이는 인간이 순진해서가 아니라 매 순간 상대방의 말을 의심하면 정신적으로 피곤할 뿐 아니라 원활한 소통을 위해 치러야 할 사회적 비용이 커지기 때문이다. 실제로 진실 기본값 본능은 인지적 에너지를 절약하고, 사회적 신뢰를 촉진하며, 소통의 효율성을 제고하는 긍정적 기능을 한다.

이러한 진실 기본값 상태는 상대방이 나를 속인다는 증거나 단서를 인식할 때까지 유지된다. 예컨대 대화 도중에 상대방이 눈을 맞추지 못하거나 손을 가만히 두지 못하며 안절부절못하는 모습을 보고 그가 하는 말의 진실성을 의심하게 되면 진실 기본값 상태는 끝난 것이다.

진실 기본값 개념은 대인 커뮤니케이션 상황뿐만 아니라 가짜뉴스에도 적용할 수 있다. 우리는 인터넷이나 소셜미디어에서 가짜뉴스를 접했을 때 허위조작정보라고 의심할 특별한 단서가 없다면 일단 믿고 본다. 낯선 정보라도 출처가 있고 웬만큼 논리를 갖추고 있으면 더욱 쉽게 믿는 경향이 있다. 페이스북이나 인스타그램 같은 소셜미디어에서 지인이 보내온 정보라면 말할 나위조차 없다. 실제 친구와 대화할 때 친구를 의심하지 않듯이, 소셜미디어 친구가 보내온 정보라면 별다른 의심 없이 믿고 받아들이는 것이다.

보통 얼굴을 맞대고 하는 일상적인 커뮤니케이션에서는 상대방의 눈빛, 말투, 주저하는 행동 등에서 무얼 숨기고 속인다는 단서를 찾을 수 있다. 그러나 소셜미디어 같은 온라인 환경에서는 그런 단서가 존재하지 않으므로 허위정보라는 사실을 알아내기가 어렵다. 게다가 빠르게 읽고 답하는 과정에서 모든 것을 확인할 만한 시간 여유도 없기 때문에 진실 기본값 상태에서 반응하는 것이 인지적으로 효율적이다. 이처럼 진실 기본값 본능이 작용해 검증되지 않은 정보가 소셜 네트워크 내의 다른 사람들에게 퍼지면 소셜미디어가 가짜뉴스 확산의 통로가 되는 것이다.

3장

# 가짜의 바다에서 진짜를 알아보는 법

저널리즘의 본질은 사실 확인에 있다. 확인된 사실을 바탕으로 기사를 작성해 독자와 시청자에게 보도하고 여론을 조성한다. 기자의 본업이 사실 확인인데, 사실 확인을 전문으로 하는 팩트체커가 왜 따로 필요한가? 충분히 가능한 질문이다. 문제는 기자가 사실을 제대로 검증하지 않거나, 사실을 자기 입맛에 맞게 취사선택한다는 데 있다. 언론이 저널리즘 본연의 역할에 충실하면 국민의 신뢰 회복과 함께 가짜뉴스의 폐해를 막는 든든한 방파제 역할을 할 수 있을 것이다.

# 1
## '표현의 자유'라는 뜨거운 감자

### 낡은 법의 한계

허위정보와의 싸움은 불량식품과의 싸움에 비유할 수 있다. 불량식품을 뿌리 뽑으려면 제조자와 유통인에 대한 대책이 있어야 하고, 소비자가 경각심을 품게끔 홍보와 교육이 필요하다. 불량식품을 만들거나 유통하면 법적·행정적 제재를 받듯이, 허위정보를 만들거나 유통하면 엄정한 처벌을 받게 해야 한다. 허위정보로 세계가 몸살을 앓는 오늘날 많은 나라가 허위정보 확산을 막기 위해 노력하지만, 빠르게 변하는 현실을 법과 제도가 따라잡지 못하는 실정이다.

2024년 여름 영국에서 발생한 이른바 '사우스포트 폭동 사건'은 잉글랜드 북서부 사우스포트의 댄스 교실에 침입한

괴한이 흉기를 휘둘러 여자 어린이 세 명이 목숨을 잃은 사건에서 비롯되었다. 범인은 달아났다가 인근 랭커셔주 뱅크스 마을에서 체포됐는데, 경찰은 범인이 영국 카디프 태생의 17세 남성이라고 발표했다. 그런데 갑자기 "범인은 지난해에 보트를 타고 영국으로 들어온 17세 무슬림 난민 신청자 알리 알 샤카티"라는 거짓 소문이 돌았다. 이 소문은 틱톡, 엑스 등 소셜미디어를 타고 빠르게 확산했다. 용의자 이름이 틀렸다고 경찰이 발표했는데도 이 허위정보를 믿은 사람들은 영국 각지에서 방화를 저지르고 반이슬람 폭력 시위를 벌였으며, 경찰 53명이 다치고 수많은 시위 가담자가 체포되는 대규모 폭력 사태로 발전했다.

이 사건에 대해 영국 하원 내무위원회는 9개월에 걸쳐 광범위하게 조사한 끝에 〈2024년 여름 난동 사태에 대한 경찰 대응〉이라는 조사보고서를 발간했다. 이 보고서는 사우스포트 사건이 "시대에 뒤처진 법 제도가 소셜미디어발 가짜뉴스에 제대로 대처하지 못하면서 벌어진 인재"라고 진단했다.[1]

사건 초기에 경찰이 용의자가 무슬림이 아니라 기독교 신자라는 사실을 공개했더라면 거짓정보 확산에 제동이 걸렸을 텐데, "18세 이하 미성년자 신원 비공개" 규칙을 지키느라 침묵했다고 한다. 시위가 폭력으로 번진 하루 뒤에도 경찰과 검찰은 용의자가 기독교 신자라는 사실의 공개 여부를 놓고 토론을 벌였지만, 결과는 '비공개'였다. 재판 과정에 영향을 줄 수 있는 정보는 공개 불가라는 규정을 지켜야 한다는 주장 때문이었다. 의회 청문회에 출석한 지역 경찰 책임자는 "19년 전에 제정된 용의자 정보 공개 규정으로는 지금 소셜미디어에서 일어나는 일을 통제할 수 없다"고 진술했으며, 영국 의회는 이런 조사 결과를 바탕으로 미성년 피의자 신원 공개를 원칙적으로 금지한 아동·청소년법의 개정을 권고했다.

빠르게 변하는 현실을 법과 제도가 따라가지 못한다는 지적은 우리나라에도 그대로 적용된다. 현행 법체계에서 허위정보에 대한 제재는 주로 개인의 법익 침해를 구제하는 방식으로 이루어진다. 프라이버시 침해나 명예훼손이 대표적이다. 언론 보도로 인한 피해는 언론중재법에 따라 언론중재위원회를 통해 피해를 구제받을 수 있지만, 가짜뉴스와 관련해 가장 논란이 많은 유튜브 등 1인 미디어는 언론중재법이 규정하는 언론사에 해당하지 않아 사각지대에 놓여 있다.

현행 법체계에서 온라인의 허위정보로 인한 피해 구제는 정보통신망법에 따라 방송통신심의위원회가 담당하고 있다. 특히 정보통신망을 통한 인격권 침해는 방송통신심의위원회의 명예훼손 분쟁조정부가 담당하는데, 규모가 작고 전문성이 약해 설립 취지를 제대로 살리지 못한다는 평가다. 따라서 언론중재법을 전면 개정해 언론중재법상 언론의 개념에 유튜브나 소셜미디어도 포함하고, 수익을 목적으로 허위사실을 반복적으로 방송하는 유튜버에 대해서는 수익을 회수하는 방안을 마련해야 한다. 또한 방송통신심의위원회의 명예훼손 분쟁조정부를 확대 개편해 정보통신망의 허위정보와 관련하여 실질적인 피해 구제가 이루어지게 해야 한다.

시대 변화에 맞게 법률을 개정하거나 새로운 법을 만드는 것과 함께 간과하지 말아야 할 것은 허위정보로 인한 피해의 배상 수준이다. 허위정보로 인한 손해배상은 피해자를 위로하는 의미도 있지만, 가해자가 유사한 행위를 하지 못하게 처벌하는 의미도 있다. 가해자에게 경고가 되려면 충분한 액수의 손해배상이 이루어져야 한다.

그러나 2024년 언론중재위원회에서 금전 지급으로 조정이 성립된 경우, 지급액은 평균 145만 원이었다. 또한 언론 보도 등으로 인한 명예훼손의 경우, 법원이 인용하는 손해배상액은 대체로 1000만 원 이내다. 물론 피해자의 사회적 지위라든가 고통 정도 등에 따라 손해배상액이 그보다 클 수도 있지만, 외국에 견주어 충분하다고 보기 어렵다. 법원이 판례를 통해 허위정보로 인한 손해배상액을 점차 높여 나갈 이유가 여기에 있다.

2021년 3월, 미국의 투·개표기 제조업체 도미니언 보팅시스템은 폭스뉴스를 상대로 16억 달러의 명예훼손 소송을 제기한 바 있다. 2020년 미국 대선에서 트럼프 대통령이 재선에 실패한 뒤, 폭스뉴스는 도미니언의 투·개표기가 투표 결과를 조작했을 가능성을 몇 달에 걸쳐 반복적으로 보도했기 때문이다.

재판 결과가 불리할 것을 두려워한 폭스뉴스는 결국 재판 전에 도미니언 보팅시스템에 허위보도에 따른 합의금으로 7억 8750만 달러를 지급하기로 했다. 원화로 따지면 1조 원이 넘는 거액으로, 전년도 폭스뉴스 매출액의 약 25퍼센트에 해당하는 금액이었다. 언론의 자유를 제한하는 어떠

한 입법도 해서는 안 된다고 규정한 수정헌법 제1조에 따라 언론자유를 강력하게 보호하는 미국에서도, 허위인 줄 뻔히 알면서 반복하여 보도한 언론은 그 책임을 져야 한다는 것을 명확히 보여준 사례다.

### 자유와 책임의 무게

한편 민주주의를 위협하는 허위정보 중에는 피해자가 불특정 다수인 경우, 즉 특정 개인보다는 국가나 공동체의 이익을 해치는 경우가 많다. 현행 법체계에서는 허위정보에 대한 제재가 주로 개인의 법익 침해를 구제하는 방식으로 이루어지기 때문에, 이런 종류의 허위정보는 처벌하기가 쉽지 않다는 문제가 있다. 예를 들어 2017년 경북 성주에 미군의 사드를 배치할 때 나돈 각종 '사드 괴담'은 정부를 곤경에 빠뜨리고 많은 국민에게 불안감을 안겨줬지만, 괴담 유포자들이 법적 처벌을 받았다는 말은 듣지 못했다. 처벌에 나섰다가는 표현의 자유를 억압한다고 비판받을 가능성이 있기 때문이다.

실제로 그동안 허위정보 유포를 처벌해야 한다는 여론이 높았는데 처벌이 현실적으로 쉽지 않았던 이유는 표현의 자유 때문이다. 표현의 자유는 진실을 말할 자유뿐만 아니라 거짓을 말할 자유도 포함한다. 다만 악의적으로 타인의 권리를 침해하거나 공익을 해칠 우려가 있다면 비교형량하여 제한을 둘 뿐이다. 지금까지 자유민주주의 국가에서 표현의 자유, 언론의 자유는 무엇보다 소중한 기본권으로 여겨져왔다. 명예훼손이나 사기 등 특수한 경우를 제외하고 표현의 자유는 최대한 보호하는 것이 원칙이었다.

그러나 미디어 환경이 완전히 바뀐 이제는 조금 달라져야 한다. 전통 언론과 달리 저널리즘의 규율이 적용되지 않는 인터넷과 소셜미디어의 무분별한 허위정보에 대해 대책을 마련해야 할 때다. 인터넷 시대에는 개인의 작은 목소리도 순식간에 수백만의 사람들에게 전달될 수 있다. 광장에서 큰 소리로 외치는 것과는 차원이 다른 결과를 낳는다. 표현의 자유가 존중되어야 하는 만큼, 자신의 발언에 책임을 져야 하는 시대가 되었다.

2018년 이탈리아는 내무부에 가짜뉴스 신고 온라인 포털을 구축함으로써 시민들이 웹상에서 유포되는 잠재적인 허위정보를 신고할 수 있게 했다. 경찰은 신고된 정보를 조사해 허위로 판명되면 사이트에 공개하고 해당 콘텐츠를 삭제할 수 있게 했다.

같은 해에 독일은 '네트워크 집행법'을 제정해 소셜미디어를 이용한 허위정보 확산을 제재하고 있다. 이 법에 따라 범죄 선동, 테러, 모욕, 협박, 혐오 표현, 아동음란물 등 독일 형법의 21개 범죄에 해당하는 콘텐츠는 위법 게시물로 규정되고, 이를 삭제·차단하지 않은 플랫폼 사업자에게는 최대 5000만 유로의 벌금을 부과할 수 있다.

2018년 11월 제정된 프랑스의 '정보 조작 대처법'은 정보 왜곡에 대응하기 위해 선거일 3개월 전부터 선거 당일까지 인터넷과 소셜미디어상의 허위정보 배포를 판사가 중지할 수 있다는 내용을 담았다.

2019년 10월 발효된 싱가포르의 '온라인 허위와 조작으로부터의 보호법'은 허위정보의 처벌과 관련해서는 아마 가장 강력한 법일 것이다. '가짜뉴스법'이라 불리는 이 법은 정부가 허위라고 판단한 정보를 올린 개인이나 기업에 해당 콘텐츠를 내리거나 수정하라고 요구할 수 있으며, 필요하면 사이트 차단까지 명령할 수 있다. 그러나 이 법은 정보의 허위 여부를 판단하는 주체가 정부라는 점에서, 표현의 자유를 위축해 반대자를 질식시킬 것이라는 국내외적인 비판을 받았다.

　현실적으로 많은 시민이 허위정보 문제가 심각해 무슨 조치가 필요하다고 생각한다. 그러나 허위정보를 없애기 위한 어떤 법적 규제도 불가피하게 표현의 자유를 침해할 소지가 있다. 싱가포르의 '보호법'은 말할 필요조차 없고, 프랑스의 '정보 조작 대처법'도 허위정보의 정의가 너무 광범위하고 모호하며 검열의 가능성을 배제하지 못해 표현의 자유를 위협한다는 비판이 제기되었다.

　그렇다면 허위정보 문제를 현 상태 그대로 두고 지켜보는 편이 나을까. 그러기에는 허위정보의 위험이 임계점을 넘어서고 있다. 이제는 행동을 취해야 한다. 표현의 자유를 보장하면서 허위정보로 인한 사회적 손실의 책임을 어떻게 물을지를 놓고 진지하게 논의해야 할 시점이다.

## 2
## 인공지능과 플랫폼이 할 수 있는 일

21세기 디지털 시대에 포털은 국내에서 뉴스를 접하는 가장 중요한 경로다. 로이터 저널리즘 연구소의 〈디지털 뉴스 리포트 2024〉에 따르면 한국인의 79퍼센트가 온라인으로 뉴스를 접하며, 그 가운데 네이버를 통한 뉴스 접속이 57퍼센트로 가장 많다. 이는 주로 소셜미디어로 뉴스를 접하는 외국과 사뭇 다른 점이라 할 수 있다.

그런데 포털을 통한 뉴스 이용률은 세계 최고 수준이지만, 뉴스에 대한 신뢰도는 매우 낮은 편이다. 포털의 뉴스 서비스 페이지에서 뉴스의 가시성을 결정짓는 알고리즘은, 많이 볼 것으로 예상되는 기사나 클릭 확률이 높은 기사를 우선적으로 노출한다. 이는 낚시성 기사나 자극적인 내용의 기사를 상위에 노출해 이용자에게 저품질 정보를 제공하고 뉴스 미디어 생태계를 오염시킬 가능성이 있다. 따라서 포털은 양질의 뉴스 콘텐츠가 우선 노출되게끔 뉴스 품질을 평가하는 객관적 요소를 알고리즘 구성에 반영하고, 이를 투명하게 공개할 필요가 있다.

뉴스 형태가 다양해지면서 뉴스와 비슷한 콘텐츠의 소비도 증가하는 추세인데, 뉴스 형태를 차용한 가짜뉴스는 일반 뉴스와 구분하기 어렵다. 특히 모바일로 접속할 경우에 더욱 그러하다. 이런 유사 뉴스 계정은 언론중재위원회의 관리 밖에 있어서 허위정보 확산에 큰 비중을 차지한다. 따라서 뉴스 형태의 정보가 허위일 가능성이 있거나 그 의도성이 의심된다면, 포털 내에 이를 쉽게 신고할 수 있는 전담 창구를 마련할 필요가 있다.

2025년 8월 현재 국내 포털은 한국인터넷자율정책기구 KISO의 정책 규정에 따라 신고센터를 운영하그 있지만, 허위정보에 대한 조치가 신속히 이루어지기 힘든 구조다. 포털 사업자의 자율규제 협의체인 KISO는 회원사 요청에 따라 심의하고, 언론중재위원회 등에 의해 허위정보라는 사실이 입증된 경우에만 임시 조치를 취하고 있다. 이런 사후처

방 형식보다는 포털이 신고된 콘텐츠를 취합해서 외부 팩트체크 기관과 협력해 검증하고, 결과에 따라 해당 콘텐츠를 신속히 삭제하거나 열람을 차단할 수 있어야 한다. 사업자 단위의 이런 자율 규제가 실효성을 거두려면 정부가 법적 근거와 틀을 제공해 어느 정도 강제성을 부여해야 할 것이다.

포털 이상으로 허위정보 확산에 영향이 큰 소셜 플랫폼도 사용자 보호와 관련해 자율적이고 선제적인 허위정보 대응책을 마련할 필요가 있다. 즉 일정 규모 이상의 이용자 수와 매출 실적이 있는 온라인 서비스나 플랫폼 사업자라면 허위정보 대책에 관한 내부 지침과 자체 대응팀을 구성해야 한다. 유튜브, 페이스북, 틱톡 등 글로벌 소셜 플랫폼의 경우 자체적인 콘텐츠 정책에 따라 자율적으로 규제하고 있지만, 허위정보로 인한 피해를 빠르게 구제할 수 있는 내부 대응체계를 마련하도록 법적 근거를 제공할 필요가 있다.

한편 챗GPT가 출시된 이후 생성형 AI에 대한 사회적 우려가 급증하고 있다. 생성형 AI가 딥페이크 기술을 사용해 텍스트, 이미지, 비디오 등 다양한 형태로 허위조작정보를 생산할 수 있으므로 대책이 시급한 실정이다. 생성형 AI가 활용된 콘텐츠를 제작할 경우 저작 정보 표기를 반드시 포함하게 하고, 이를 어기면 제재를 받게 해야 한다. 또한 딥페이크 콘텐츠의 유통 경로인 플랫폼은 딥페이크를 걸러낼 만한 능력과 자원을 갖추고 있으므로 이를 활용해 자율적으로 허위조작정보의 확산을 방지할 일차적인 책임이 있다. 전문가들이 딥페이크 범죄와 관련해 법적 처벌 강화를 요구하는 이유는 딥페이크 허위조작정보가 개인의 사생활을 침해하고 명예를 훼손할 뿐만 아니라, 사회적 신뢰와 정보 생태계에 부정적 영향을 미치기 때문이다.

특히 선거를 앞둔 민감한 시기에 딥페이크 허위조작정보가 끼치는 영향력은 매우 크다. 세계 각국이 이 문제에 관심을 기울이고 대응책을 모색하는 이유는, 인공지능을 활용해 제작·유포되는 허위조작정보가 선거 결과를 치명적으로 왜곡해 민주주의의 정당성을 훼손할 우려가 있기 때문이다.

우리나라도 2024년 1월에 공직선거법을 개정해 선거일 90일 전부터 딥페이크를 활용한 선거운동을 전면 금지하고, 이를 어기면 7년 이하 징역이나 1000만 원 이상 5000만 원 이하 벌금에 처하게 했다. 내용의 사실 여부나 후보자의 동의 여부와 관계없이 딥페이크 영상의 제작·유포만으로 처벌이 가능하게 한 점은 과잉 입법 논란의 대상이 되기도 했지만, 딥페이크 허위정보에 대한 우리 사회의 우려가 크다는 점을 방증하는 사례라고 할 수 있다.

인공지능은 허위정보 생성과 유포에 악용될 수 있지만, 플랫폼이 인공지능을 적절히 활용한다면 허위정보 확산을 막는 데 도움이 될 수도 있다. 기계학습을 기반으로 하는 인공지능은 대량의 뉴스 콘텐츠에서 가짜뉴스의 패턴을 찾아내 이를 토대로 뉴스 콘텐츠의 진위를 판단하고, 멀티모달 분석으로 텍스트·이미지·출처를 함께 분석해 조작 여부를 탐지할 수 있다.

또한 인공지능은 딥페이크 이미지에서 발견되는 특성을 감지해 합성 영상을 찾아내거나, 딥페이크 영상이 공개될 때 워터마크 또는 메타데이터를 통해 이용자가 합성 여부를 인식하게 할 수도 있다. 실제로 인공지능을 이용해 낚시성 기사를 걸러내거나 딥페이크 경고 시스템을 운영하는 정도는 일부 플랫폼에서 벌써 시행하고 있다. 그러나 텍스트의 복잡한 맥락이나 은유, 암시 등을 이해하는 데는 한계가 있기 때문에 아직은 인간의 판단이 병행되어야 할 것이다.

# 3
# 팩트 체킹은
# 기자의 일이다

 허위정보 문제를 해결하기 위해서는 언론이 저널리즘 본연의 역할에 걸맞게 팩트체크 기능을 강화해 신뢰를 회복하는 것도 중요하다. 현재 우리 언론은 정치권을 지배하는 진영논리가 그대로 투영되어 정치적 사안 대부분에서 타협점을 찾기 어려울 정도로 분열되어 있다. 사정이 이렇다 보니 독자나 시청자는 자신의 정치적 성향과 결을 달리하는 매체는 극도로 불신하는데, 이런 현상은 날이 갈수록 점점 심해지고 있다.

 그러므로 유튜브를 비롯한 각종 소셜미디어에 온갖 뜬소문과 음모론이 난무하는 현실에서, 주류 언론은 무엇이 진실이고 거짓인지를 판단해 알려주는 팩트체커의 역할을 해야 한다. 그러나 현실은 기대와 거리가 멀다.

'팩트체커'라는 말이 언론계에 등장한 것은 1920년대 미국의 뉴스·잡지 업계에서라고 하니 역사가 꽤 오래된 개념이라고 할 수 있다. 처음에는 기자들의 원고에서 오류를 찾아내는 보조적 직업이었지만, 1980년대부터는 팩트체킹이 저널리즘의 하위 장르로 발전했다. 그러다가 2003년 펜실베이니아대학에 팩트체크닷오르그FactCheck.org가, 2007년에 폴리티팩트가 설립되는 등 팩트체크 전문기관이 출범했다. 인터넷과 소셜미디어 세상에서 허위정보가 중요한 사회적 문제가 되자 다른 나라들도 미국에서 시작된 팩트체킹에 주목했다. 2005년 영국의 '채널 4'가 팩트체크닷오르그를 본떠 자체 프로그램을 만들면서 팩트체킹은 유럽과 전 세계로 확산했다.

팩트체킹의 유형으로는 언론사가 주도하는 저널리즘 모델, 대학이나 비영리재단 등이 주도하는 비정부기구 모델, 대중정치운동의 일환으로 활동가들이 주도하는 활동가 모델 등이 있다. 우리나라 언론사 중에는 팩트체크 전담팀을 운영하는 곳도 있지만, 대부분 인력과 예산 부족 때문에 전담 조직을 갖추지 못하고 있다.

이런 상황에서 2017년 3월에 출범한 'SNU팩트체크'는 한국의 팩트체크 역사에서 독보적인 프로그램이라 할 수 있다. SNU팩트체크는 서울대학교 언론정보연구소의 SNU팩트체크센터와 언론사의 협업체다. 제휴 언론사는 출범 당시 16개에서 2023년 4월에는 32개사로 확대되었다. 제휴 언론사가 독립적으로 사실을 검증하면 SNU팩트체크센터가 그 결과를 SNU팩트체크 홈페이지에 올리고 네이버 뉴스홈에 연동하는 방식으로, SNU팩트체크센터가 일종의 플랫폼 역할을 하는 형태로 운영되었다. 해마다 평균 700건이 넘는 팩트체크 기사를 게시하며 왕성하게 활동하던 SNU팩트체크는 정치권의 압력으로 어려움을 겪다가 후원 기업이 지원을 중단하면서 2024년에 문을 닫았다.

SNU팩트체크 운영에서 드러난 문제점은 경제적인 지속 가능성이다. 실제로 세계 여러 나라에서 팩트체크 기관이 설립되고 있지만, 재원을 마련하지 못해 문을 닫는 기관도 속출한다. 그런대로 잘 운영되는 곳은 재정이 탄탄한 대형 언론사 소속이거나 미디어 관련 기업 또는 공공 재단의 후원을 받는 곳이다.

SNU팩트체크는 후자의 형태로, 플랫폼 기업 네이버의

지원을 받았다. 일체의 간섭 없이 독립적으로 운영되었지만, 거듭되는 정치적 압력 속에 결국 네이버가 지원을 중단하게 되었다. 이는 민간기업의 재정 지원을 받으며 정치인들의 발언을 검증하는 팩트체크 작업이 한국의 정치 현실에서 얼마나 어려운 일인지를 여실히 보여준다. 일각에서는 허위정보 문제를 해결하기 위해 정부 지원을 받는 공공기관 성격의 팩트체크 조직이 필요하다는 주장도 나오지만, 그럴 경우 공정성을 담보하기 어려울 수 있어 크게 고려되지는 않고 있다.

SNU팩트체크를 대신할 새로운 팩트체크 전문 조직이 만들어져야겠지만, 언론 스스로도 자사의 보도를 허위정보와 차별화하는 노력을 기울여야 한다. 2020년 봄, 페루의 유력 일간지 《엘 코메르시오 El Comercio》는 라틴아메리카 8개국의 언론사와 함께 가짜뉴스 확산의 폐해와 문제점을 알리는 캠페인 〈이것은 저널리즘이 아니다〉를 실시했다.

가짜뉴스 확산에서 비롯된 언론의 신뢰도 하락 문제를 해결하기 위해 고안된 이 캠페인은 독자들이 뉴스의 출처를 분명하게 알고 가짜뉴스를 구별할 수 있게 돕는 것이 목적이었다. 《엘 코메르시오》는 캠페인의 일환으로 신문의 뉴스

수집과 검증 과정, 가치 비중에 따른 배치 방식 등 편집 작업을 시각화하여 지면에 공개했다. 이를 통해 독자들에게 전문적인 저널리즘 작업 과정을 보여주고, 소셜미디어에서 만들어진 가짜뉴스와 언론의 기사가 큰 차이가 있다는 점을 강조했다.

언론이 노력하면 가짜뉴스를 판별하는 팩트체커 역할을 충분히 감당할 수 있다. 저널리즘의 본질은 사실 확인에 있다. 확인된 사실을 바탕으로 기사를 작성해 독자와 시청자에게 보도하고 여론을 조성한다. 여기서 "기자의 본업이 사실 확인인데 사실 확인을 전문으로 하는 팩트체커가 왜 따로 필요한가?"라는 질문이 충분히 제기될 수 있다. 문제는 기자가 사실을 제대로 검증하지 않거나, 사실을 자신의 입맛에 맞게 취사선택한다는 데 있다. 언론이 저널리즘 본연의 역할에 충실하면 국민의 신뢰를 회복하는 동시에 가짜뉴스의 폐해를 막는 든든한 방파제 역할을 할 수 있을 것이다.

이런 맥락에서 저널리즘을 민주주의를 위한 공공재로 바라보고 언론에 대한 사회적 지원이 필요하다고 주장하는 사람들도 있다. 전통 언론이 생산하는 양질의 뉴스가 뉴스 플랫폼에서 충분한 보상을 받을 수 있게끔 보상 체계를 바꾸어야 한다는 주장이 그러한 경우다. 또 세제 혜택이나 취재활동비 지원과 같은 경제적 지원을 고려해야 한다는 의견도 있다. 언론이 직면한 경제적 어려움을 덜어주기 위해 이런저런 지원책을 마련하는 것도 좋지만, 언론이 전문성을 강화하고 저널리즘의 직업윤리에 충실히 복무할 때만 이런 지원도 의미가 있을 것이다.

# 4
진짜를 알아보는
미디어 리터러시 훈련

지금까지 가짜뉴스 또는 허위정보 문제에 대한 대응책을 몇 가지 살펴보았지만, 장기적으로는 미디어 리터러시media literacy, 즉 미디어 문해력 교육을 토대로 시민 개개인의 비판적 사고 능력을 키우는 방향이 바람직하다. 앞서 사람들이 가짜뉴스를 믿게 되는 심리적 요인을 설명한 것처럼 누구에게나 확증편향과 같은 심리적 편향이 있을 수 있다. 따라서 가짜의 홍수에서 진짜를 알아보는 힘을 키우려면 교육과 홍보가 필요하다.

미디어 리터러시란 미디어의 본질과 속성에 대한 이해를 바탕으로 미디어 콘텐츠에 적절히 접근하여 비판적으로 이해하고 분별적으로 이용하는 동시에 주체적으로 향유할 수 있는 능력을 뜻한다. 미디어 리터러시 교육은 정보의 출처를 확인하고, 내용의 진위를 판단하며, 다양한 관점에서 정보를 해석하는 능력을 포함한다.

일부 국가에서는 미디어 리터러시 교육을 정규 교육 프로그램으로 인정하고 있다. 그중에서 특히 핀란드가 미디어 리터러시 교육에 많이 투자하는 나라로 알려져 있다. 우리나라도 초·중등 교육과정에서 미디어 리터러시 관련 내용을 일부 교과목에서 다루고 있긴 하지만, 정규 과목이 아닌 데다 교사의 전문성도 부족한 현실이다.

휴대폰이 없으면 외출도 못 하는 현대인의 삶에서 미디어가 차지하는 비중은 실로 가늠하기 어려울 정도다. 이런 미디어 세상에서 미디어 리터러시를 다루는 학교교육은 청소년에게 반드시 필요하며, 정규 교과목으로 편성할 필요가 있다. 더불어 텔레비전이나 온라인에서 일반인을 위한 미디어 리터러시 교육 프로그램을 마련해 적극 홍보해야 한다.

허위정보 문제와 관련해 미디어 리터러시 교육의 핵심은 허위정보에 쉽게 넘어가지 않고, 그것을 다른 사람과 함부로 공유하지 않게 하는 것이다. 많은 언론사와 팩트체크 기관에서 허위정보 식별법과 대응 방안을 내놓았는데, 펜실

베이니아대학의 팩트체크닷오르그는 가짜뉴스를 식별하는 8가지 방안을 다음과 같이 제시했다.[2]

1. 기사의 출처가 신뢰할 만한 곳인지 확인하라.
2. 자극적인 제목만 보지 말고, 다른 사람과 공유하기 전에 본문을 좀 더 읽어보라.
3. 기사 작성자 이름이 나와 있는지, 있다면 믿을 만한 사람인지 확인하라.
4. 기사에 인용된 출처가 실제로 기사의 주장을 뒷받침하는지 확인하라.
5. 옛날 사건을 현재 사건으로 왜곡한 것은 아닌지 기사가 게시된 날짜를 확인하라.
6. 농담으로 재미 삼아 게시한 것은 아닌지 확인하라.
7. 편견을 토대로 판단하고 있지는 않은지 생각해보라.
8. 기사의 진위를 확신할 수 없을 때는 전문가나 팩트체크 기관에 문의하라.

한편 유럽연합 집행위원회European Commission는 〈정보 조작을 발견하고 막는 6가지 팁〉을 소개한다.[3] 여기에서는 정보 조작을 "민주주의와 사회, 연구 및 미디어에 대한 오해를 불러일으키고 혼란을 야기하며 신뢰를 약화시키려는 고의적인 노력"으로 규정하고, 정보 조작에서 스스로를 보호하기 위한 6가지 팁을 제시했다.

### 1. 출처를 신뢰할 수 있는지 확인하라

익명의 소셜미디어 계정은 조심해야 한다. 어떤 사람은 신뢰할 수 있는 출처를 사칭하기도 한다. 이른바 '도플갱어' 작전은 거짓 주장을 퍼뜨리기 위해 합법적인 웹사이트의 복제본을 사용한다. '.ltd', '.online', '.foo'와 같은 비정상적인 도메인을 주의하라. 사기성 웹사이트를 말해주는 신호일 수 있다.

### 2. 출처의 이력을 확인하라

출처의 신뢰도를 판단하는 가장 좋은 방법은 출처의 이력track record을 살펴보는 것이다. 명확한 이력이 없는 경우 해당 출처에 관해 더 알아보려 노력하라. 신뢰할 수 있는 출처는 자기네 조직과 임무, 자금 출처를 투명하게 공개한다. 배후가 누구인지 알 수 없다면 주의하라.

### 3. 사용 중인 어조를 잘 살펴보라

정보를 조작하는 기법 중 하나는 충격적이거나 감정적인 언어를 사용해 적을 만들고 책임을 전가하는 것이다. 그 출처가 일관되게 그러한 어조tone를 사용하고, 신뢰할 만한 증거 없이 희생양을 찾는다면 이는 당신을 오도하려는 것일 수 있다.

### 4. 증거를 찾아보라

정보 조작자들은 종종 여러 사실 중에서 원하는 것만 선택하거나 진실과 거짓을 섞어 오해를 불러일으키기도 한다. 비상식적인 주장에는 강력한 증거가 필요하다. 언제나 신뢰할 수 있는 출처를 통해 확인하라.

### 5. 복수의 출처를 확인하라

한 번의 빠른 웹 검색이면 그 주장을 확인할 수 있다. 신뢰할 수 있는 뉴스매체나 팩트체크 웹사이트를 확인해 주장의 맥락과 명확성을 파악할 수 있다.

### 6. 비판적으로 생각하라

정보를 공유하기 전에 신중하게 평가하라.

이 밖에도 수많은 언론사, 교육기관, 정부기관, 팩트체크 기관 등에서 가짜뉴스 또는 허위정보를 식별하고 대처하는 팁을 제시하는데, 내용은 대개 비슷비슷하다. 출처와 증거를 확인하고, 편견에 빠지지 말며, 비판적으로 생각하라는 주문이다. 쉬워 보이지만 결코 쉬운 일이 아니다. 장기적인 관점에서 초·중등 학교의 미디어 리터러시 교육을 통해 청소년들이 비판적으로 사고할 수 있게 꾸준히 훈련시키고, 방송과 온라인에서 캠페인을 반복적으로 펼쳐 일반 시민들이 가짜의 홍수에서 진짜를 알아보는 힘을 키우게 해야 한다.

> 에필로그

# 민주주의는 정확한 정보를 먹고 자란다

　가짜뉴스 또는 허위정보의 폐해는 다양하다. 드물지만, 이 책의 첫머리에 소개한 메인호 폭침 사례에서 보듯이 가짜뉴스는 전쟁을 재촉하는 도화선이 될 수도 있다. 주식시장에서 출처 불명의 허위정보가 주가조작에 악용되는 사례는 비교적 흔한 일이다. 코로나 팬데믹 기간에는 정부의 방역 정책을 방해하고 국민 건강에 악영향을 준 허위정보가 난무하기도 했다. 소셜미디어에는 백신 접종이 효과가 없다는 주장이 전문가의 이름으로 나돌았으며, "마늘과 김치를 많이 먹으면 신종 코로나에 걸리지 않는다", "진통 소염제를 몸에 바르면 병이 나을 수 있다" 같은 터무니없는 허위정보가 판을 쳤다.

경제와 보건 분야에 나타나는 폐해 이상으로, 허위정보는 특정 집단에 대한 혐오와 차별을 부추겨 사회적 갈등의 불씨가 될 수도 있다. 앞서 설명한 '사우스포트 폭동 사건'은 소셜미디어에 확산한 출처 불명의 거짓정보가 불특정 다수의 분노에 불을 붙여 폭동으로까지 번진 사건이다. 있지도 않은 무슬림 난민 신청자를 여자 어린이들의 살해범으로 지목한 가짜뉴스가 영국 대중의 반反난민, 반反이슬람 정서를 자극해 전국에서 대규모 폭력 사태가 일어났다.

이와는 맥락이 조금 다르지만, 2025년 1월 19일 새벽에 한국에서 일어난 서울서부지방법원 점거 폭동도 따지고 보면 허위정보의 폐해가 드러난 경우라 할 수 있다. 헌정사상 최초로 현직 대통령으로서 내란 혐의를 받아 체포된 윤석열에 대해 서울서부지방법원이 구속영장을 발부하자, 영장실질심사를 담당한 법원 주변에서 시위하던 지지자 수백 명이 법원에 난입해 시설을 파괴하고 경찰과 기자, 민간인에게 무차별 폭력을 행사한 사건이다. 폭동 참가자들이 부정선거 음모론을 믿었으며, '국민 저항권'을 주장하는 극우 인사들의 선동에 자극받았다는 점에서 윤 대통령 탄핵 과정에서 난무한 허위정보와 무관하지 않다.

서울서부지법 폭동은 사법부를 직접 공격했다는 점에서 민주주의에 대한 중대한 위협이었다. 이와 비슷하지만 그 정도가 훨씬 심각했던 사건은, 2021년 1월 6일 도널드 트럼프 지지자들이 의회의 대선 결과 인증을 막고 트럼프의 패배를 번복하기 위해 미국 국회의사당에 난입해 일으킨 폭동 사태다. 폭동 참가자들은 큐어넌QAnon을 비롯한 극우 집단의 터무니없는 음모론과, 선거를 도난당했다는 트럼프의 허위 주장에 영향을 받은 것으로 드러났다. 미국 민주주의 역사에서 치욕적인 사건으로 기록된 이 사태로 경찰관 1명을 포함해 5명이 숨졌고, 많은 경찰관이 부상을 입었다. 음모론 같은 허위정보가 자칫 국가 위기 상황을 만들 수도 있다는 것을 보여주는 대표적 사례라 할 만하다.

허위정보는 사회적 불신과 혐오를 조장해 공동체를 분열하고 서로 대립하게 만들어 민주주의가 요구하는 합리적 대화를 어렵게 만든다. 특히 선거 같은 정치과정에 허위정보가 직접 개입해 국민의 선택을 왜곡한다면, 민주주의에 대한 위협으로 이보다 무서운 것이 없다.

예컨대 2016년 영국의 브렉시트 국민투표에서는 "시리아 난민이 밀려오고 있다", "터키가 곧 EU(유럽연합) 회원국이 된다", "EU에 퍼주고 있는 3억 5000만 파운드를 영국 무상 의료에 쓰겠다"는 허위정보와 편향적 발언들이 소셜미디어는 물론이고 주류 언론에까지 그대로 실려 투표 결과에 영향을 미쳤다는 평가를 받았다. 같은 해 미국 대선에서는 트럼프와 그의 지지자들뿐만 아니라 러시아까지 허위정보 확산에 나섰다는 점에서 선거의 정당성에 심각한 의문을 남겼다.

탈진실시대에 허위정보가 민주주의를 위협하는 적이라는 사실은 의심의 여지가 없다. EU 집행위원이었던 마리야 가브리엘Mariya Gabriel의 표현을 빌리면 "가짜뉴스는 민주주의 사회의 근본에 대한 직접적인 위협"이다.

흔히 민주주의의 필수 요건은 '식견 있는informed 시민'의 존재라고 하는데, 여기서 '식견 있는'의 영어 표현을 직역하면 '정보를 제공받은'이라는 뜻이다. 이는 시민이 정확한 정보를 제공받지 못한다면 민주주의가 제대로 작동할 수 없다는 말이 된다. 그런 이유에서 민주주의를 위해 표현의 자유, 언론의 자유가 중요한 것이다. 실제로 민주주의의 꽃이라 할 수 있는 선거는 복수의 후보자에 대해 유권자가 정확한 정보를 바탕으로 내리는 선택이다. 그런데 정보가 정확하지 않고 조작되어 있다면 유권자는 결코 올바른 선택을 할 수 없다. 허위정보를 현대 민주주의의 최대 위협이라고 하는 이유다.

허위정보는 사람들의 확증편향을 강화해 공동체를 분열하고, 정치적 양극화를 증폭해 민주주의를 위협한다. 민주주의는 강압과 폭력이 아니라 합리적인 대화를 바탕으로 성립하는데, 정치적 양극화는 '내 편 아니면 적'이라는 이분법적 진영논리를 심화하여 합리적 대화를 어렵게 만든다. 이렇게 되면 의회민주주의는 교과서에만 존재할 뿐, 다수당은 소수의 의견을 무시하고 의회에서 당파적 이해에 따라 주요 결정을 내리게 된다. 이 또한 제대로 된 민주주의라 할 수 없다.

이런 진영논리가 정치권을 넘어 사법부에까지 작용하면 민주주의의 최후 보루라고 할 법원이 제구실을 할 수가 없다. 비록 국회와 대법원장이 관여한다지만, 대법관 임명과 헌법재판소 재판관 임명권이 대통령에게 있는 우리나라에서는 대통령의 영향력이 누구보다 크다. 대통령이 진영논리로 임명권을 행사한다면 삼권분립은 말뿐일 것이며 사법부 독립은 기대 난망일 것이다.

한국 사회가 정치 양극화를 지양하고 통합과 타협으로 나아가려면 공론장을 합리적인 대화가 가능한 곳으로 만들어야 한다. 그러려면 공론장에 참여하는 시민의 품성도 중요하지만, 무엇보다도 정확한 정보가 제공되어야 한다. 괴담 수준의 음모론이나 허위조작정보가 난무하면 합리적인 공론장을 마련할 수 없다. 허위정보를 막기 위해 지금 우리가 행동에 나서지 않으면, 지난 반세기 동안 어렵사리 구축해 온 대한민국의 민주주의가 실패의 역사로 끝날지도 모른다. 시민으로서 우리의 주권마저 민주주의의 쇠퇴와 함께 소멸할 수 있다.

## 1장 가짜뉴스라는 질문

1 허겸, 〈선거연수원 체포 중국인 99명 주일미군기지 압송됐다〉, 《스카이데일리》, 2025.1.16.

2 이수민·김서원, 〈"계엄날, 90명 감금" 기사가… 9일 뒤 "中간첩 압송" 둔갑했다〉, 《중앙일보》, 2025.1.20.

3 박재령, 〈중국인 99명 체포는 허위… 주한미군·美국방부·선관위 일제히 반박〉, 《미디어오늘》, 2025.1.22.

4 David Uberti, "The real history of fake news", *Columbia Journalism Review*, 2016.12.15. https://www.cjr.org/special_report/fake_news_history.php

5 Frederick Burr Opper, "The Fin de Siècle Newspaper Proprietor", Digital file from original print, Library of Congress, 1894. https://www.loc.gov/resource/ppmsca.29087/

6 송상현, 〈조기대선 가시화에 '가짜뉴스' 전쟁 나선 여야… 논란 자초도〉, 《뉴스1》, 2025.1.30. https://www.news1.kr/politics/assembly/5672773

7 김동현, 〈조선일보 국제부가 뽑은 올해의 거짓 5〉, 《조선일보》, 2024.12.26, A14면.

8 Wikipedia, 'Fake news', https://en.wikipedia.org/wiki/Fake_news

9 Claire Wardle, "Fake news. It's complicated", First Draft News, 2017.2.16. https://firstdraftnews.org/articles/fake-news-complicated; "Understanding information disorder", 2020.9.22. https://firstdraftnews.org/long-form-article/understanding-information-disorder/

10 "About the Onion", The Onion, 2025. https://theonion.com/about-us/

11 Adrien Sénécat, "Macron et les 'mains sales' des ouvriers: l'intox qui a entaché l'image du candidat", Le Monde, 2017.4.27. https://www.lemonde.fr/les-decodeurs/article/2017/04/27/macron-et-les-mains-sales-des-ouvriers-l-intox-qui-a-entache-l-image-du-candidat_5118677_4355770.html?

12 이종혁, 〈온라인 뉴스의 선정성이 게재 시간과 이용자 평가에 미치는 영향〉, 《한국언론학보》, 68권 5호, 2024, 75~119쪽.

13 한국언론진흥재단, 〈2024 언론수용자 조사〉 (조사 분석 2024-01), 2024.

14 Katharine Viner, "Russia used hundreds of fake accounts to tweet about Brexit, data shows", The Guardian, 2017.11.14. https://www.theguardian.com/world/2017/nov/14/how-400-russia-run-fake-accounts-posted-bogus-brexit-tweets

15 Alex Hern, "How a Russian 'troll soldier' stirred anger after the Westminster attack", The Gurdian, 2017.11.14. https://www.theguardian.com/uk-news/2017/nov/14/how-a-russian-troll-soldier-stirred-anger-after-the-westminster-attack

16 정철운, 〈채널A, '세월호 폭력집회' 사진 오보 인정〉, 《미디어오늘》, 2015.5.7. https://www.mediatoday.co.kr/news/articleView.html?idxno=123030

17 Claire Wardle, "Understanding information disorder", First Draft News, 2020.9.22.

18 Hunt Allcott and Matthew Gentzkow, "Social Media and Fake News in The 2016

Election", *Journal of Economic Perspectives*, 32(2), 2017, pp.211~236.

19  Dani Di Placido, "Why Did 'Balenciaga Pope' Go Viral?", *Forbes*, 2023.3.27.

## 2장 어쩌다 가짜뉴스 세상이 되었나

1   David Remnick, "Obama reckons with a Trump presidency", *The New Yorker*, 2016.11.18. https://www.newyorker.com/magazine/2016/11/28/obama-reckons-with-a-trump-presidency

2   진민정, 〈2024년 미국 대선과 허위정보: 허위정보의 유형과 주요 배포자〉, 《KPF 미디어 브리프》, 2024년 10호, 한국언론진흥재단.

3   P. F. Lazarsfeld, B. Berelson and H. Gaudet, *The People's Choice*, New York, N.Y.: Columbia University Press, 1948[1944].

4   Reuters Institute of the Study for Journalism, 〈Digital News Report 2024〉, https://reutersinstitute.politics.ox.ac.uk/digital-news-report/2024

5   S. Vosoughi, D. Roy and S. Aral, "The spread of true and false news online", *Science*, 359(6380), 2018.3.9, pp.1146~1151, DOI: 10.1126/science.aap9559

6   C. G. Lord, L. Ross and M. R. Lepper, "Biased assimilation and attitude polarization: The effects of prior theories on subsequently considered evidence", *Journal of Personality and Social Psychology*, 37(11), 1979, pp.2098~2109.

7   임화섭, 〈"2020년 대선은 부정선거" 믿는 미국인이 더 많다〉, 《연합뉴스》, 2022.11.3.

8   G. Pennycook, T. D. Cannon and D. G. Rand, "Prior exposure increases perceived accuracy of fake news", *Journal of Experimental Psychology: General*, 147(12), 2018, pp.1865~1880.

## 3장 가짜의 바다에서 진짜를 알아보는 법

1   김보경·유재인·정철환, 〈"20년 前 법으론 소셜미디어 대처 못 한다" 영국 경찰의 반성〉,

《조선일보》, 2025.5.2, A8면.

2   Eugene Kiely and Lori Robertson, "How to spot fake news", FactCheck.org, 2016.11.18. https://www.factcheck.org/2016/11/how-to-spot-fake-news/

3   European Commission, "6 tips to spot and stop information manipulation", https://ec.europa.eu/stories/6-tips/